西藏旅游扶贫与
产业富民对策研究

XIZANG LÜYOU FUPIN YU
CHANYE FUMIN DUICE YANJIU

刘 强 沈宏益 蒋崧韬 著

西南财经大学出版社
Southwestern University of Finance & Economics Press

中国·成都

图书在版编目(CIP)数据

西藏旅游扶贫与产业富民对策研究/刘强,沈宏益,蒋崧韬著.—成都:西南财经大学出版社,2021.11
ISBN 978-7-5504-4336-5

Ⅰ.①西… Ⅱ.①刘…②沈…③蒋… Ⅲ.①不发达地区—旅游业发展—研究—西藏②不发达地区—农业产业—产业发展—研究—西藏 Ⅳ.①F592.775②F327.75

中国版本图书馆 CIP 数据核字(2020)第 013194 号

西藏旅游扶贫与产业富民对策研究

刘强 沈宏益 蒋崧韬 著

策划编辑:王琳
责任编辑:王琳
责任校对:张博
封面设计:张姗姗
责任印制:朱曼丽

出版发行	西南财经大学出版社(四川省成都市光华村街55号)
网　　址	http://cbs.swufe.edu.cn
电子邮件	bookcj@swufe.edu.cn
邮政编码	610074
电　　话	028-87353785
照　　排	四川胜翔数码印务设计有限公司
印　　刷	郫县犀浦印刷厂
成品尺寸	148mm×210mm
印　　张	5.625
字　　数	141 千字
版　　次	2021 年 11 月第 1 版
印　　次	2021 年 11 月第 1 次印刷
书　　号	ISBN 978-7-5504-4336-5
定　　价	48.00 元

前　言

　　西藏自民主改革以来，经济长期保持高速增长，人民的收入水平不断提升，生活水平不断改善；但是西藏的贫困问题依然存在，缩小贫富差距，消除贫困，实现共同富裕是全区各族人民的共同愿望，也是西藏自治区各级党委、政府不懈奋斗的目标。贫困是人类发展至今仍需要解决的一个世界性难题，伴随全国旅游业的快速发展，西藏旅游业具有一定规模，在带动地区经济增长方面作用明显，有望成为当前反贫困和实现扶贫开发的重要形式之一。但是西藏居民的收入增长主要源于当地传统的社会生产方式，加之西藏地貌复杂多样、气候寒冷、生态脆弱，山地、高原、平川、河谷、戈壁交错分布，受地理位置、产业基础、气候条件和历史因素等影响，其经济发展总体水平落后于全国其他各省（区、市）。目前西藏同东中部地区相比仍存在较大发展差距，其交通条件和复杂多变的气候地貌等不利于农牧业经济发展，在这样的区域位置和现实条件下，西藏产业经济基础薄弱，社会发展水平落后，人民收入来源保障不足，呈现产业结构单一、经济基础薄弱、产业培育滞后、群众增收缓慢、贫困问题突出等窘境，加之长期受落后封闭的思想观念束缚，其贫困的广度和深度更为突出。因此，在国家大力实施西部大开发战略和"一带一路"倡议的指引下，西藏全区上下紧跟时代发展步伐，积极转变发展观念，抢抓机遇和鼓足干劲，充分利用西藏旅游资源优势，发挥旅游扶贫的效应，全面推动产业富民发展。这对于建设和谐、美丽的西藏具有重要的现实意义与实践价值。

本书从系统的角度，遵循"提出问题—分析问题—解决问题"的研究思路，应用循环理论、旅游乘数理论、比较优势理论和可持续发展理论等，采用文献研究法、规范研究法和实践调查法等方法，分析了国内外旅游扶贫现状，阐述了旅游扶贫的相关理论，在归纳和整理西藏贫困问题和旅游资源基础上，针对西藏当前旅游资源禀赋与扶贫开发的现实条件，分析了西藏旅游扶贫开发的必要性与可行性。在习近平新时代中国特色社会主义思想指导下，围绕乡村振兴战略，本书提出了西藏旅游扶贫开发的若干对策与建议，强调政府引导与农牧民自主开发相结合，在立足当地资源禀赋的基础上首先需要做好旅游扶贫规划，多方面聚集和利用社会力量进行旅游扶贫开发，不断改善西藏旅游基础设施条件，变旅游资源优势为经济扶贫优势，有效改善贫困人口生活状况，达到"输血型"扶贫向"造血型"扶贫转化。同时，本书明确了西藏产业富民发展的指导思想和原则，提出了七大重点产业建设目标，具体包括推动高原生物产业快速发展、推动特色旅游文化产业发展、推动高原绿色工业形成规模、推动清洁能源产业茁壮发展、推动现代服务业全面大发展、推动高新数字产业创新发展、推动边贸物流产业跨越式发展等，并提出了相关保障措施，以期最终实现西藏强区富民目标。

全书共分为两篇，即对西藏旅游扶贫开发和产业富民进行专题探讨。陕西工业职业技术学院沈宏益教授负责第一篇内容的统稿工作，西藏民族大学刘强教授负责第二篇内容的统稿工作。其中，沈宏益负责第一章、第二章、第五章的撰写工作，吴莹负责第三章的撰写工作，赵莹负责第四章的撰写工作，刘强负责第六章、第八章的撰写工作，王海茸负责第七章的撰写工作，四川大学蒋崧韬负责第九章的撰写工作。

本书出版得到了西藏民族大学科研处和财经学院领导及各位专家、学者的大力支持与指导。

由于编者水平有限，对于当前西藏乡村经济社会发展最新前沿问题及精准扶贫措施探讨不足，希望各位读者能够批评指导和提出宝贵意见，在此表示感谢！

编者

2019.9.20

目　录

第一篇　西藏旅游扶贫

第二篇　西藏产业富民

第一篇
西藏旅游扶贫

第一章　导论

一、背景、目的和意义

（一）背景

贫困问题是制约西藏经济社会发展的最大困境，实现共同富裕，全面消除贫困对于推动西藏经济社会和谐、可持续发展具有积极意义。乡村振兴战略为扶贫开发提出了新思路和新要求，财政"救济式"扶贫曾在帮助当地农牧民脱贫致富中发挥了积极作用，但是要从根本上解决贫困问题，我们就有必要从贫困问题的根源抓起。旅游扶贫就是一种由"输血型"扶贫向"造血型"扶贫转化的方式，与其他扶贫相比，旅游扶贫能够充分利用当地特色旅游资源优势，其综合带动效应更强，并具有长效扶贫机制作用。这对于特色旅游资源相对丰富和社会经济发展基础薄弱的西藏而言，更具有现实性和可行性，本书的研究背影主要有以下几个方面：

1. 基础背景

西藏位于平均海拔 4 000 米以上的青藏高原之上，被人们称为"地球第三极"。西藏地区氧气含量低、交通不便、地形复杂，产业开发和发展缓慢，社会经济发展水平落后，所依赖的生态环境和资源基础薄弱。同时，西藏也是我国贫困地区之一，其贫困问题直接关系西藏的和谐稳定与可持续发展，在此亟待建立西藏扶贫开发的长效机制。

2. 现实背景

在西藏过去20多年的扶贫进程中，中央曾对西藏投入了大量的扶贫资金，在各种"援藏"政策效应的共同推动下，西藏在减少贫困方面取得了一定成绩。但是，西藏社会经济发展基础薄弱，扶贫后返贫现象较为普遍，农牧区的贫困问题依然突出，给西藏扶贫工作带来了新的压力与挑战。我们需要从长计议和因地制宜，探讨由"输血型"扶贫向"造血型"扶贫转化的方式，这将有助于西藏避免扶贫开发工作中出现的大量返贫现象。

3. 理论背景

人与自然关系认识的不同，决定了人们在处理人与自然关系问题时的方式。目前人类社会发展观念在更新，能够促进社会生产方式发生革新，这导致生产发展与环境保护之间的矛盾受到全社会的广泛关注。因此，在推动扶贫开发进程中，我们应注重人与自然和谐发展。随着社会生产力的提高，人与自然之间的关系往往会改变，而旅游扶贫就是一种基于绿色发展理念的扶贫方式，是处理人与自然关系的一种方式。

4. 政策背景

实施西部大开发、促进地区协调发展是在2000年10月中共十五届五中全会提出的一项战略任务，原中共中央政治局常委、原全国政协主席俞正声在2014年"中国西藏发展论坛"上指出，西藏坚持走具有"中国特色、西藏特点"的发展路子，正确处理人与自然的关系，旅游扶贫正好是一种发展的新态势，是解决西藏贫困问题的一种新模式，具有全新、可持续性和高效性，符合科学发展观要求。

5. 战略背景

旅游扶贫开发不仅促进西藏发展，对于生态环境脆弱的西藏而言，也涉及其生态资源安全与可持续发展。因此，推动旅游扶贫有望消除西藏贫困根基，促进西藏各项社会事业健康发展，对于改善民生工作至关重要。

乡村旅游扶贫开发可以说是一种开发扶贫形式，其基于乡村旅游业的发展，为乡村贫困人口摆脱贫困寻找突破口。乡村旅游扶贫开发不仅为农村地区的发展及脱贫致富开辟了新途径，也为当地旅游业的发展找到了一个新的增长点。作为马克思主义思想中国化结晶的毛泽东思想、邓小平理论和"三个代表"重要思想都提出了指导思想，党的十八大报告也提出了"居民收入增长和经济发展同步、劳动报酬增长和劳动生产率提高同步"的以人为本理念。乡村旅游扶贫开发工作是伴随旅游业的发展而推进的。概括起来，我国乡村旅游扶贫开发大致经历了三个阶段。

第一个阶段（1984—1992年）：起步阶段。在20世纪80年代初期，我国一些老、少、边、穷地区充分利用自身的地理位置和旅游资源的优势，在当地政府的领导下，自发地开发利用本地的旅游资源并获得了成功，因此一些地方走上了脱贫致富的道路，对社会产生了积极的影响。在这一时期我国制定实施的"七五计划"中，已将发展旅游业正式纳入国民经济和社会发展计划的一部分。中央政府和地方各级政府及相关部门出台了一系列促进旅游产业发展的政策和措施，一批贫困乡村地区得到了国家和地方财政资金的扶持，以发展旅游产业的方式进行扶贫。这是我国政府正式有计划地去开展乡村旅游扶贫开发工作，并取得了较为显著成效的时期。

第二个阶段（1993—1998年）：发展阶段。随着我国前期乡村旅游扶贫工作的顺利开展，乡村的旅游产业优势尽显，我国各级政府及相关部门也越来越重视。在1991年全国旅游局会议上，以贵州省为代表的地方旅游部门在总结当地旅游开发带动脱贫致富实践经验的基础上，第一次提出了"旅游脱贫"，标志着发展旅游产业可以作为我国贫困地区一种脱贫致富并行之有效的方式，从而正式被重视。在1993年，我国出台了《关于加快国内旅游发展的若干意见》，要求以"适应需求、规范市场、提高质量、促进发展"为方针发展我国的旅游产业。这不仅意味着发展旅游产业被正式提升到国家层面，同时也标志着以乡村旅游模式对贫困地区进行扶贫获得了一个新发展机遇。在1996年，国家旅游局将利用发展贫困乡村地区的旅游产业进行扶贫的战略正式列入我国旅游产业发展重要内容。1996年国家旅游局、扶贫办及相关部门，为旅游扶贫工作召开了专题会议，会上对我国的旅游扶贫开发工作进行了总结，也正是此次会议开启了我国以政府主导的乡村旅游扶贫模式。从1998年我国正式发行旅游国债，筹集的资金主要用于贫困地区基础设施建设项目，以促进旅游产业发展，从而实现脱贫致富，意味着我国旅游扶贫开发战略是以政府主导，与市场运作相结合。

第三个阶段（1999年至今）：推进阶段。进入21世纪后，随着我国经济的发展，旅游产业进入高速发展机遇期，贫困乡村地区以发展旅游方式进行扶贫的工作也进展得非常顺利。尤其是我国西部大开发战略的制定和实施，不仅进一步提高了我国乡村旅游扶贫开发工作的要求，还进一步明确了在新阶段我国乡村旅游扶贫开发工作的方向和具体内容。从2000年宁夏设立了我国第一个旅游扶贫示范区开始，各地根据具体的情况开启了各式的旅游扶贫工作。值得一提的是，2003年我国广东地区开始启动乡村旅游扶贫，广东省政府计划每年从省财政划拨出3 000万元，这些资金被专门用于该省贫困山区和次发达地区的旅游公共基础设施的建设。广东省还根据本省的具体情况在全省范围内确定了 14 个旅游扶贫项目乡镇作为该省第一批旅游扶贫的重点，使得贫困地区的乡村旅游扶贫工作在政府层面上正式进入实际操作阶段，一些省份学习广东省的经验，也纷纷建立旅游扶贫试验区，使得乡村贫困的人民群众尽早实现脱贫致富。2006 年我国发布了《中国旅游业发展"十一五"规划纲要》，是现阶段我国乡村旅游扶贫工作的行动纲领和指导性文件。2009 年，我国发布了《国务院关于加快发展旅游业的意见》，不仅要求地方各级政府以及相关行政部门要加大对乡村旅游基础设施建设的支持，还要求地方各级政府在宣传、人才以及公共服务等方面对贫困地区乡村旅游给予帮助和支持。在《国务院关于加快发展旅游业的意见》的指引下，地方各级政府根据具体情况在有条件的情况下设立乡村旅游发展基金，用于当地乡村旅游广告宣传、人才培训、旅游公共服务体系建设等。我国为促进乡村旅游产业的发展，还出台了一系列支持旅游实体企业的政策和措施，例如，对符合旅游市场准入条件和信贷原则的，各大商业银行加大其融资授信支持，在贷款期限和利率上给予优惠；为解决乡村旅游企业融资难题，我国拓展其融资渠道，以旅游景区经营权和门票收入等进行抵押贷款业务。2011 年我国发布了《中国旅游业"十二五"发展规划纲要》，根据其内容要求，我们不断深化旅游资源，特别是加大都市和乡村休闲生活资源的开发力度，同时加强旅游产业与第一、第二、第三产业的融合，各级政府及相关部门将旅游业培育成我国国民经济的支柱产业之一；将游客的满意度作为发展旅游产业的核心价值观，进一步发挥科技、现代商业模式和专业人才在旅游产业发展的主导作用，把旅游产业特别是乡村旅游产业建设成为人民群众最满意的服务行业。为促进乡村旅游扶贫工作进一步开展，2012 年我国旅游行政主管部门与扶贫行政主管部门签署了合作框架协议，使得两部门在乡村扶贫工作上更加稳定有效，以便更好地面对乡村旅游扶贫的新要求。根据国家旅游行政主管部门与扶贫行政主管部门签署的合作协议，两部门将积极出台相关配套的措施和政策，同时在资金、宣传推介以及相关服务体系对乡村旅游业发展进行支持。为使贫困地区的人民群众尽快实现脱贫致富，我国从 2014 年起将每年的 10 月 17 日设定为"扶贫日"。2014 年，国务院扶贫办还提出：2015 年全国要实现扶持 2 000 个贫困村开展乡村旅游扶贫工作的目标，到 2020 年年底，全国要实现扶持 6 000 个贫困村开展乡村旅游扶贫工作的目标，在贫困乡村地区发展乡村旅游业，以实现农村剩余劳动力就业的要求，努力实现一些乡村旅游重点村年收入超过 100 万元，实现全国每年可以拉动 60 万贫困人口脱贫致富的目标。为配合我国贫困人口脱贫致富目标的实现，作为我国旅游工作的行政主管部门国家旅游局将乡村旅游扶贫工作列为其重点工作之一，并且还启动实施乡村旅游富民工程的计划，作为这一计划的一部分就是从全国 800 多个扶贫重点县中挑选出约 6 000 个行政村作为乡村旅游扶贫的重点村，大力扶持发展乡村旅游业。

为贯彻实施我国乡村旅游扶贫这一国家战略，我国国家旅游行政主管部门会同国家扶贫行政主管部门在全国范围内筛选出 2 000 个贫困村并且建档立卡，共同制定出台相关措施以促进乡村旅游发展的公共基础设施项目，对符合条件的乡村旅游经营户和企业给予小额信用贷款支持；鼓励地方各级政府以及相关机构设立乡村旅游发展基金等，以支持贫困地区乡村旅游业的发展。除此之外，我国国家旅游行政主管部门的国家旅游局计划在 2014—2020 年这六年间每年选择 1 000 个乡村旅游扶贫重点村，并对这些村的管理者如何发展乡村旅游进行专业培训；会同国家教育主管部门，开展百名高校学生进入乡村进行社会实践活动，提倡大学生到特别贫困的乡村开展社会实践活动；

组织相关部门和机构开展乡村旅游产业发展的公益咨询、指导、培训和招商引资引客活动；组织和鼓励饭店、旅行社、景区等相关旅游企业对贫困地区的乡村旅游发展进行"点对点"帮扶；针对乡村地区的特色地理面貌、主题活动、特色产品等特色旅游资源，开展乡村旅游产品的品牌创建活动，提高乡村旅游经营服务水平，以扩大我国贫困地区乡村旅游业的市场影响力。

本书立足以上背景，借鉴国内外有关研究成果和实践经验，在乡村振兴战略的指导下，从实现可持续扶贫和服务于西藏社会经济发展大局出发，积极探讨西藏扶贫开发的新路径，具有重要战略意义与学术研究价值。

（二）目的和意义

1. 研究目的

西藏素有"世界屋脊"之称，是藏族人民的主要聚居地，风景秀丽，自然风光奇特，主要以农牧业经济为主，整体社会经济发展水平落后，贫困问题一直是困扰西藏可持续发展的瓶颈，要想消除贫困和缩小其与内地之间的发展差距，就得从解决贫困的根源做起。目前财政"供养式"或"救济式"扶贫思路存在较大的局限性：其一，西藏很难在短时间内实现跨越式发展，主要受限于基础设施建设滞后等诸多不利因素，我们对其资源有效开发和实现脱贫致富难以保证；其二，在西藏脆弱的生态环境里，过度开发会使西藏进入一个恶性循环，即贫困—过度开采—生态破坏—持续贫困。因此，发展旅游扶贫是一种绿色扶贫方式，能够实现西藏由"输血型"扶贫向"造血型"扶贫转化，不仅可以在短时期内促进地区经济增长和改善农牧民的生活条件，而且有助于促进西藏社会生产与发展模式发生根本性变化，更为重要的是建立一种可持续扶贫模式，这也是一种脱贫致富的长效机制。

当前，西藏旅游业有了长足发展，西藏有独特丰富的旅游资源，其自然风光和人文环境的优势是其他省（区、市）不可比拟的，但西藏也存在交通不便、基础设施落后等问题，农牧民贫困问题突出，进一步制约了西藏经济社会的可持续发展。因此，将旅游资源与扶贫开发相结合，旨在形成西藏经济社会发展的新增长点，对于推动西藏和谐、健康、可持续发展等具有重要现实意义。

2. 研究意义

（1）生态环境需要。当前，绿色发展已经成为世界经济发展的主题，西藏生物多样性减少等生态环境问题已导致自然生态系统功能衰退。西藏迫切需要对传统资源利用方式进行重新定位，而对于因生产经营活动本身所带来的环境问题，如大气环境污染、水体质量下降、土壤荒漠化、生活垃圾等问题。这就要求尽可能降低和减少生产经营活动对生态环境的各种影响，需要重新定位生产发展与环境保护之间的矛盾。而旅游扶贫既能保护生态环境又能实现农牧民脱贫致富，有助于正确利用西藏自然资源和实现社会经济可持续发展。

（2）游客兴趣要求。西藏独特的自然风光风貌和神秘的人文历史文化吸引着世界各地越来越多的游客，随着社会经济发展和人类生活水平的不断提高，人们对旅游的要求越来越高，许多旅游者逐渐对传统的大众旅游方式感到厌倦，表现为追求新奇和追逐更原始、更原生态的旅游，崇尚的是一种纯自然、返璞归真的旅游情境。在西藏就能够寻找到这种原始、古朴、纯真、神秘的旅游文化踪迹，"西藏"品牌对于广大旅游爱好者来说更是一种诱惑和向往，能够促进西藏与外界之间的融合与交流发展，有助于推动西藏社会经济快速发展。

（3）脱贫致富驱动。贫困一直是困扰西藏可持续发展的问题之一，世界各地都在推进扶贫工作，许多国际组织和机构都在支持不同类型的扶贫项目，如联合国环境规划署、世界银行、世界自然基金会等都在大力推进和创新各种扶贫活动。与此同时，部分发展中国家也在积极争取外汇资金扶持项目，已充分认识到扶贫工作的重要性，探讨如何防止"返贫"和实现可持续扶贫战略。旅游扶贫作为一种新的脱贫致富的驱动方式，能够将旅游收入转化为扶贫资金，是一种重要保障，对于防止"返贫"具有长效作用。

（4）可持续发展推动。当前在各种"援藏"政策的作用下，西藏扶贫工作取得了较大成效，其对于改善西藏基础设施条件和实现农牧民脱贫致富等方面发挥了积极作用。但是"援藏"工作具有时效性和历史阶段性，只是一种"外动力"，能否就此形成一种推动西藏经济社会可持续发展的长效机制呢？这需要从长计议，最为重要的是要建立一种内动力。旅游扶贫能够结合当地特色资源优势，实现扶贫工作与旅游开发的有机结合，是推动西藏经济社会可持续发展的一种内动力，也是推动西藏扶贫工作发展的一种长效机制。

二、国内外研究动态

（一）国外研究综述

1775 年，法国哲学家卢梭在《论人类不平等的起源和基础》中最先提出了社会的贫困问题。1878 年，英国经济学家马尔萨斯在《人口论》中最先提出了贫困理论：贫困与人口紧密联系在一起，人口的高速增长而基本生活资料粮食无法快速增长，因此产生了贫困。19 世纪末，布思（Booth）和朗特里（Rowntree）开始对贫困问题进行研究，并对贫困人口进行考察。

朗特里（1901）以约克镇为研究对象，根据当地情况制定相应的贫困标准，并提出贫困是指家庭的收入小于维持家庭基本生活的必需品支出。20世纪中叶，西方一些国家将发展旅游业作为解决贫困问题的一种重要途径和手段。苏黎也（Zuriek DN，1992）认为，贫困地区的旅游开发往往忽略了内在文化本质保护，其通常把目光集中在文化物质载体及建筑遗产保存。1958年，美国经济学家加尔布雷思提出相对贫困的概念，他认为贫困是指收入明显低于当地其他人口平均水平，无法达到多数人所生活的条件，而不仅仅指满足最低生活需求。雷诺兹（1986）提出相对贫困线，将全国平均收入水平作为临界点，以此作为评判贫困的标准。1999年4月，英国国际发展局（DFID）在向"可持续发展委员会"提交的报告中提出"Pro-Poor Tourism"概念（简称"PPT"），即"有利于贫困人口发展的旅游"，这一概念将"有利于贫困人口发展的旅游"与贫困问题相关联，提出通过让贫困人口参与并从事旅游业作为解决贫困问题的途径，并获得相应经济收入、文化传承发展和社会共享利益，从而为自身的生存、发展赢得更多机会。卡罗琳·阿什利（Caroline Ashley，2000）提出，旅游本身可以创造就业机会，能够降低贫困人口数量，促使贫困人口摆脱贫困和提高收入水平。克莱夫·波尔特尼（Clive Poultney，2001）认为阻碍贫困人口参与旅游开发的一个重要原因就是贫困地区交通条件不便利，同时贫困人口自身的素质不高。这是制约贫困人口发展的最大瓶颈，致使原始资本和启动资金缺乏，在一定程度上导致了当地贫困人口参与旅游经营能力较弱。雷纳德（Renard，2001）认为，对于贫困人口来说，旅游开发所带来的非经济的收益比直观的经济收益更加强烈、更有冲击，使得贫困人口可以享受旅游开发带来的交通、医疗、教育等基础条件改善等非经济利益。罗杰森（2006）以亚历山德拉镇和马迪克韦禁猎区为实例，对城市和乡村中旅游扶贫产生的作用进行比较研究。阿吉安蓬（2011）以加纳的卡昆国家公园周边居民为对象，针对当地居民对旅游的发展期望、经验以及感受进行调查探讨。皮莱和罗杰森（Pillay M & Rogerson CM，2013）提出将当地农业与旅游业进行融合以提高扶贫效果。他们认为旅游扶贫应区别于旅游开发，要以当地贫困人口的收入增长和经济发展为重点，比起宏观效应，更要注重旅游扶贫所带来的对贫困人口的微观收益。

（二）国内研究综述

我国对旅游扶贫研究起步较晚，从目前国内公开出版的文献来看，相关的研究文献资料主要集中在近 20 年内。蔡雄（1997）认为旅游扶贫可以使地方经济繁荣和联动，提出了"旅游扶贫老、少、边、穷地区乘数效应大"的观点，旅游扶贫能够促进相关行业发展，要加快贫困地区社会经济发展水平，需要将农村剩余劳动力进行重新分配并给穷困人口提供充足的就业机会。刘向明（2002）提出，旅游发展所带来的扶贫不仅包括物质上的"扶贫"，大力发展旅游业能够促进贫困地区经济、社会、文化、精气神等综合素质全面发展。因此，旅游扶贫还包含精神层面的"扶贫"。郭清霞（2003）主张以市场需求为导向，基于旅游扶贫 PPT 概念，将政府力量作为主导，以当地居民受益需求为重点目标，以推动扶贫开发作为引导，并以特色资源作为发展依托，实现地区经济可持续发展和生态环境保护。王铁（2008）认为当前在全球贫困地区通过发展旅游减少贫困已经表现出良好效果，贫困是任何国家和地区在任何历史时期都要面对和重视的现实问题。向延平（2009）对德夯苗寨进行入户调查，从社会经济环境等方面对其旅游扶贫绩效评价感知进行分析和考察。胡明文、王小琴（2010）提出，生态旅游扶贫离不开各方相关主体的共同参与，需建立起有效的多方参与体制。毛伟（2011）调查分析了湘西民族贫困地区旅游扶贫的相关情况，在借鉴国内外旅游扶贫的经验做法基础上，从政府和老百姓两个角度分析出现这些困难和矛盾的原因，提出了湘西土家族苗族自治州完善旅游扶贫的基本思路和实施战略。向延平、彭晓燕（2012）基于我国现阶段旅游扶贫进程中的成果及问题，提出旅游扶贫开发具有系统性和长效性。肖建红、肖江南（2014）对宁夏六盘山旅游扶贫区的状况进行总结，基于微观经济效应对面向贫困人口的旅游扶贫途径进行研究。

国内专门研究西藏贫困状况的文献比较少。杨健吾（2005）认为，西藏地区贫困现象主要在于劳动力缺乏，劳动力素质低，就业机会少，家庭财产少。徐贵恒（2006）认为，针对西藏贫困的原因，需进一步分析其贫困人口的心理态度、价值观以及文化环境，从而促使贫困地区人口主动参与到脱贫经济发展中来。徐伍达、张伟宾（2009）通过总结分析1978—2008年西藏贫困人口数量及贫困率的变化，发现西藏整体的贫困人口在多年扶贫中呈现明显下降趋势。王明龄、王娜（2011）认为西藏贫困人口大多数处于绝对贫困，在地域上较为集中，极易陷入恶性贫困陷阱，反贫难度大，很多地方存在以生态换生存的无奈选择。

景芳（2012）在《基于人力资本视角的青海藏区反贫困战略研究》中提到，受长期的历史和现实因素影响，尤其是人力资源的缺乏，西藏贫困问题日益显现。王莉敏（2014）认为西藏地区旅游资源丰富，但不代表西藏的旅游扶贫毫无阻力。西藏旅游扶贫应该在旅游发展的基础上，将贫困地区的扶贫和旅游结合在一起，实现两者的共同进步。

王祥（2015）通过对西藏集中贫困地区以及旅游状况进行调查和分析，提出要在高寒牧区、深山峡谷区、边境和人口较少民族聚居区、藏中农牧结合区、地方病高发区五大特殊贫困区域实现脱贫，必须根据当地的特殊情况，不同地区选取不同的策略，实行差异化战略。图登克珠（2017）从西藏旅游发展和农牧民收入现状出发，利用 SPSS 统计软件对西藏自治区2004—2015 年旅游总收入与农牧民人均纯收入的数据进行实证分析，结果显示，西藏自治区旅游总收入与农牧民人均纯收入之间存在相关关系，西藏旅游发展对促进农牧民增收有一定影响。王茹、周璇、杨松柳、鲜逸峰（2017）通过构建"多维贫困度评价指标体系"，定量分析西藏 74 县（区）的贫困程度及空间集聚特征，结果表明，西藏贫困的主要原因是人力资源、社会资本、物质资源的缺乏，我们应该加大教育扶贫的力度，注意不同地区的差异点，因地制宜，根据西藏特色，大力开发其本地特有的资源，在旅游发展的基础上带动扶贫工作的开展。

（三）研究评述

综上所述，国内外关于贫困问题及旅游扶贫在理论提升、实践推进和模式形成等方面的研究已取得了一定成效。可以看出，国内外学者已经普遍认识到在贫困地区发展旅游业的重要性。当前所面临的困境是如何有效开发旅游资源和让贫困人口参与"共赢"，可以肯定的是发展旅游业能够促使贫困人口增加收入和贫困地区经济社会得到发展，是一种有效的扶贫手段。通过比较国内外学者在观察视角、实现途径和发展目标等方面差异，我们可以看出国外研究的系统性较强，许多国外学者更多地将发展旅游业与社会结构、生态环境等进行有机结合，注重生态环境保护，有利于实现旅游扶贫可持续发展；国内研究更多的是围绕具体问题提出相关解决对策，侧重对局部问题进行论证分析。

当前西藏反贫困的研究主要在于讨论发生贫困的原因，专家学者认为贫困的原因主要分为以下几个方面：自然环境差、生态环境易遭破坏、文化观念受限制、收入来源途径少。学者对这几种原因进行分析，据此解决西藏贫困现存的扶贫成效小、扶贫深度大、地域广的问题。但对于西藏来说，除了以上因素，还有政治、社会、人文、经济等各方面的影响，同时这些因素对不同时间、空间的不同对象都存在不同的差异化影响。可以看出，目前各种关于西藏扶贫问题的研究尚处在理论探讨方面，其实践应用性还有待进一步推进。另外，西藏特殊的地理位置和区域环境决定了其不能完全照搬其他已有成型的扶贫模式，需要在借鉴国内外相关研究经验的基础上，因地制宜，因势利导，探索有效和灵活的扶贫开发路径。本书就是将西藏旅游业发展与扶贫工作有机地结合起来，旨在建立西藏乡村旅游扶贫开发的长效机制，并从整体和系统的角度对西藏旅游扶贫工作进行深入探讨与分析，为实践工作提供研究参考。

三、相关理论阐述

（一）有关概念界定

1. 乡村旅游

乡村旅游是以旅游度假为宗旨，以村庄或野外为空间，以人文无干扰、生态无破坏、游居和野行为特色的村野旅游形式。

近几年，随着乡村旅游的迅速发展，国内围绕乡村旅游提出很多新概念和新理论，如游居、野行、居游、诗意栖居、第二居所、轻建设、场景时代等，新概念和新理论的提出使乡村旅游内容丰富化、形式多元化，有效缓解了乡村旅游同质化现象突出的问题。以往乡村旅游是到乡村了解一些乡村民情、礼仪风俗等，也可以观赏当时种植的一些水稻、玉米、高粱、小麦等。旅游者可在乡村（通常是偏远地区的传统乡村）及其附近逗留，展开学习、体验乡村生活的活动。该村庄也可以作为旅游者探索附近地区的基地。乡村旅游的概念包含了两个方面：一是发生在乡村地区，二是以乡村性作为旅游吸引物，二者缺一不可。

2. 旅游扶贫

旅游扶贫是一种特殊的扶贫形式，在资金、技术等方面进行投资以扶持旅游业发展，通过旅游业的发展对其上、下游关联产业发挥带动牵引作用，实现地方财政增收和帮助贫困居民脱贫致富。当前，在贫困乡村农牧民是难以靠自身力量改变贫困面貌，其在基础设施、信息资讯、融资能力等方面均很落后，很难实现自我启动，这就需要借助外部力量的推动。旅游产业作为一种集基础设施建设和配套服务等融为一体的系统工程，其为推动扶贫开发工作提供了现实可行性。

旅游扶贫因其以扶贫为主要属性，决定了它有别于传统意义上的旅游产业开发。一是旅游扶贫开发必须以经济、社会和环境效益相统一为前提，其目标是解决当地农牧民群众脱贫致富问题，并实现旅游业可持续发展与当地旅游资源可持续利用，旨在改善当地贫困人口的生活质量，不仅需要有经济上的回报，而且要体现可持续性；二是旅游扶贫开发主体包括了政府及其职能部门、参与企业、贫困地区农牧民等不同角色，具有多元化参与性质，要求在扶贫开发过程中各主体应当分工合作与齐心协力，注重旅游扶贫开发产生的综合效益；三是旅游资源是贫困乡村的财富，贫困乡村通过开发和发展乡村旅游产业实现脱贫致富，旅游扶贫需要依托当地旅游资源，旨在培育贫困乡村自身的"造血功能"，除了惠及当地贫困人口外，旅游扶贫还要促进当地经济社会和谐、全面发展。

3. 贫困标准

贫困标准指国家为了防止社会成员的收入减少或中断，对其因自然、经济、社会、生理和心理等影响了其基本生活，为了维持其基本生活正常运行而制定的救助标准，包括绝对贫困标准和相对贫困标准。

绝对贫困标准。国家统计局在20世纪80年代初期就设定了农村贫困线，首先以每人每天2 100大卡计算确定一种营养标准，再根据最低收入人群所需要的各种食物量及其消费结构测定相应的货币价值，该货币价值就是绝对贫困标准，即"食物贫困线"。这种贫困线可以用来进行农村贫困的相关数据分析，提供了一个可靠的标准，符合国际规范。

相对贫困标准。相对贫困标准用来识别生存困难的人群。它是建立在生存贫困观念上，除了保证最低的营养所需要的购买食品支出外，还包括用于医疗和教育等方面的基本支出，不仅包括了生存需要，还包括了发展需要，这就是相对贫困标准。

（二）相关理论基础

1. 循环理论

循环理论指有旺盛旅游需求并具备投资实力的一方向具有优质旅游资源而无力开发的一方进行输入资本，是通过消费旅游产品而实现对经济欠发达地区的投资和扶贫，是一个不断循环过程。这种旅游投资和消费能够促使当地旅游资源被开发利用，有助于进一步带动当地经济社会全面发展。目前，以西藏为目的地的旅游需求比较旺盛，结合西藏的社会经济发展现状，借鉴循环理论，西藏可以积极实施旅游扶贫开发与合作，有助于推进西藏对外交流与合作，对促进西藏的和谐稳定与可持续发展具有积极作用。

2. 旅游乘数理论

旅游乘数指一个国家或地区的旅游产出、收入及其所引起的就业和政府税收的变化与旅游支出的变化之比，主要用来测定单位旅游消费对旅游地各种经济社会现象的影响程度的系数。从理论上讲，对于经济规模越大和经济越发达的区域，其经济结构比较完整，旅游乘数效应比较明显。目前，西藏所需的各种现代生活用品对外界依赖程度较高，西藏的物资匮乏，现代化产业发展体系薄弱，社会化程度低，贫困问题比较突出。西藏应立足当地特色资源，更多地开发旅游产品，提升旅游乘数效应，达到旅游扶贫开发的目的。

3. 比较优势理论

比较优势指一个生产者以低于另一个生产者的机会成本生产某种产品的行为，这个生产者的比较优势就体现在生产该种产品上。西藏拥有丰富的旅游资源，根据比较优势理论，西藏若要实现较快发展，就得优先解决资本流向问题，应用比较优势理论，可以优先发展乡村旅游业，变资源优势为经济优势，形成资本积累并使广大处于贫困状态的农牧民得到实惠，通过注重生态环境保护和改善其生存环境，进一步实现脱贫致富与可持续发展并举。

4. 可持续发展理论

可持续发展理论要求既要保护好人类赖以生存的生态环境，又要达到社会经济可持续发展的目的。经济、社会、生态是一个密不可分的系统，可持续发展理论是指在不损害后代人发展环境和能力的前提下，尽可能满足当代人的需求。西藏生态环境脆弱，当前不能只顾经济利益问题而忽视生态环境保护，应在合理开发生态资源的基础上追求经济社会的可持续发展，这需要对其产业结构进行调整和升级并实现绿色发展，旅游扶贫就是形成"社会、经济、生态"和谐发展的一种长效机制。

四、研究方法和难点

（一）研究方法

（1）文献研究法。笔者通过对现有理论研究进行翻阅、查找，同时结合本书研究内容对文献进行有效的整合，为本书提供理论基础。

（2）规范研究法。本书以思辨的逻辑阐述和解答问题，主要对西藏经济社会发展现状、贫困问题进行分析，结合西藏旅游资源基础，分析旅游扶贫开发的必要性及可行性，从而为西藏旅游扶贫开发提出对策与建议。

（3）实地调查法。笔者通过走访座谈、实地考察等形式，选取有代表性的西藏贫困乡村进行实地调查与取证分析，掌握旅游资源基础和扶贫工作现状，获取第一手资料，以此为基础进行本书的研究。

（二）技术难点

西藏地域广大、幅员辽阔，各地旅游资源分布不均衡，社会经济发展基础和贫困现状也不同。面对这些现实问题，结合乡村振兴战略内涵，科学、合理地推动西藏旅游扶贫开发是本书研究的难点。同时，西藏旅游资源分布广泛，基层统计数据不完整，记载不健全，为进一步开展数据分析带来了技术难度。

（三）技术路线图

本书技术路线图如图 1-1 所示。

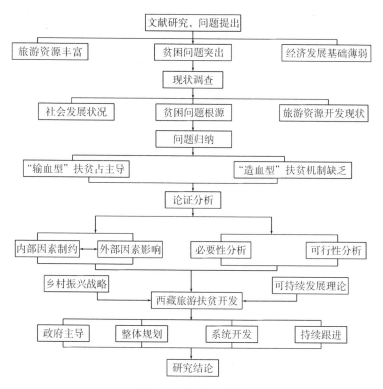

图 1-1　技术路线图

第二章 西藏社会经济发展现状及贫困问题分析

一、西藏社会经济发展基础

（一）总体经济运行概况

目前西藏已进入打赢脱贫攻坚战的关键时期，经济社会发展迈上了一个大台阶并取得了一定成效。

第一，经济总量实现新跨越，发展势头保持良好。经初步核算，截至 2017 年年底，全区实现地区生产总值 1 310.63 亿元，按可比生产总值计算，比上年增长 10.0%。其中，第一产业增加值为 122.80 亿元，增长 4.3%；第二产业增加值为 514.51 亿元，增长 11.9%；第三产业增加值为 673.32 亿元，增长 9.7%。在全区生产总值中，第一、二、三产业增加值所占比重分别为 9.4%、39.2%、51.4%，与 2016 年相比，第一产业比重提高 0.2 个百分点，第二产业提高 1.7 个百分点，第三产业下降 1.9 个百分点。人均地区生产总值 39 259 元，增长 8.0%。按年平均美元汇率折算，人均地区生产总值 5 814.6 美元，呈现良好发展势头（见图 2-1）。

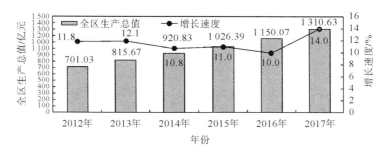

图 2-1　2012—2017 年西藏地区生产总值及增长速度

资料来源于《2017 年西藏自治区国民经济和社会发展统计公报》。

第二，城乡居民收入实现新增长，人民生活水平大幅度提高。2016 年西藏农牧民人均纯收入为 8 244 元，是 2005 年的 2 078 元近 4 倍。城镇居民人均可支配收入由 2005 年的 8 411 元增加到 2015 年的 25 457 元，增长了 300%左右。为使西藏农牧民安居乐业，政府从 2006 年起总共投入 170 亿元，至此已有 27.5 万户、143 万农牧民的住房问题得到解决。全区实现了乡乡通宽带、村村通电话，并解决了 88 万人用电、153 万人安全饮水问题。全区所有乡镇和 80%以上行政村通公路，农牧民的公共基础设施环境得到改善。

第三，基础设施建设有了新基础，项目推进实现新突破。2017 年西藏的社会固定资产投资总额为 2 051.04 亿元，比上年增长 23.9%。按产业分：第一产业投资额为 78.21 亿元，比上年下降 19.6%；第二产业投资额为 413.44 亿元，增长 40.2%；第三产业投资额为 1 559.38 亿元，增长 23.4%。按经济类型分：国有经济投资额为 1 556.00 亿元，比上年增长 20.2%；集体经济投资额为 8.37 亿元，增长 262.3%；个体经济投资额为 10.13 亿元，下降 50.3%；其他各种经济类型投资额为 476.54 亿元，增长 41.1%。全年民间投资为 245.21 亿元，下降 7.3%，青藏铁路建成通车结束了西藏没有铁路的历史，全区公路通车总里程8.2万千米，比2005年增长90%。林芝、阿里、日喀则机场建成通航，标志着全区综合交通运输网初步形成。"三大灌区"建设推进了西藏水利基础设施的改善，全区电力装机总容量达到97.4万千瓦，比2005年年末增加47.4万千瓦。全区信息化水平大幅度提高，实现县县覆盖3G网络和乡乡通光缆，互联网用户超过115万户。

第四，产业结构得到进一步优化，特色产业发展实现新跨越。按照"提升一产、搞活二产、壮大三产"的经济发展战略总体目标，旅游业已成为带动第三产业大发展的主动力。随着交通条件和基础设施的改善，2017年西藏接待国内外旅游者2 561.43万人次，比上年增长10.6%。其中，接待国内旅游者2 527.08万人次，增长10.7%；接待入境旅游者34.35万人次，增长6.7%。西藏独具特色的旅游业快速发展，当年实现旅游总收入379.37亿元和旅游外汇收入1.98亿美元，分别比上年增长14.7%和1.6%。从以上数据可以看出，旅游业对第三产业的发展有极大的推进作用。近年来，全区旅游者人数和旅游总收入持续增长（见图2-2）。

图2-2　2010—2017年西藏旅游者人数和旅游总收入情况

第五，民生得到大幅度改善，社会发展呈现新局面。全区所有县（市、区）完成普及九年义务教育工作，西藏加大了对教育、卫生、社保等社会事业方面的投入，文盲率由 2005 年的 15% 下降到 2017 年的 1.2%，小学适龄儿童入学率达到 99.2%，高中阶段农牧民子女全部纳入"三包"（包吃、包住、包学习费用）等政策范围，在全国率先实现了城乡免费义务教育。西藏全区 97% 以上的乡镇新建了卫生院，医疗卫生服务情况得到进一步改善，新型农村社会养老保险基本实现全覆盖，建立了农牧区最低生活保障制度，对"零就业"家庭做到出现一户、援助一户、消除一户。

第六，民族文化得到有效保护，生态建设成效明显。西藏启动文化信息资源共享工程建设，西藏民间美术、传统手工技艺、藏戏等 60 个文化项目被列入国家级非物质文化保护名录，布达拉宫、大昭寺、罗布林卡等被列入联合国世界文化遗产名录。"西新工程""村村通"、县乡综合文化馆（站）、"农家书屋"等文化惠民工程正在全面推进。与此同时，西藏在全国率先启动了草原生态保护奖励机制试点，探讨生态保护的长效机制，全面落实《西藏生态安全屏障保护与建设规划》，目前在太阳能、沼气等清洁能源发展上取得初步成效，污染物排放总量得到有效控制，环境质量保持在良好状态。

但是，西藏经济社会发展的资源依赖特征依然很明显，其基础设施建设、产业发展规模、竞争能力和创新水平等还很落后，当前仍以初级型、粗放型和外援型经济占主导，贫困问题是制约其全面、可持续发展的困境和瓶颈。

（二）农牧业经济发展现状

1. 农牧业发展基础

西藏位于平均海拔 4 000 米以上的青藏高原，不同地区地形差异较大，大致可分为三个不同的区域，分别是东部高山峡谷区、南部谷地区和北部高原区。东部高山峡谷地区多为高山深谷，农业立体气候特征较为显著。南部谷地区相对北部环境而言较为舒适，处于冈底斯山脉和喜马拉雅山脉之间，是雅鲁藏布江流经区域。北部高原区面积较大，约占全区总面积的三分之二，环境相对比较恶劣。西藏特殊的高原地貌主要分为极高山、中山、低山、丘陵和平原等，这种情况造成了西藏恶劣的自然环境，主要特点为寒冷、氧气稀薄、降水量低、日照量充足、昼夜温差大、植物生长期短、动物发育缓慢。在这种自然环境条件下，西藏的农牧业发展呈以下几种特点：

（1）地域广阔，宜农地资源少。西藏地域面积广阔，但真正适宜耕地的面积较少。根据《西藏统计年鉴2016》，西藏适宜耕地面积仅占总面积的0.42%，是全国宜农面积最少的地区。从整个地区来看，日喀则的可用耕地面积最大，占总宜农面积的36.6%；那曲最少，占比9.38%。宜农地质量方面，一等宜农地占比5.43%，二等和三等宜农地占总宜农地的比例分别为15.71%和30.09%，四等地和五等地分别占比为25.87%和22.9%。综合以上资料来看，西藏适宜农业发展的土地资源较少。

（2）植被稀少，林地资源分布不均。统计显示，西藏的林地总面积为1 393.2万公顷，仅占全区总面积的11.56%。从林地类型方面看用材林占比最高，达到56.65%；其次是防护林、水源涵养林，占林地总面积的33.39%；薪炭林占比9.94%；经济林占比最少，只达到0.02%。再从各地区的分布来看，林地面积占比最大的和最小的地区分别是林芝和那曲，占比分别为43.75%和2.25%，分布极不均衡。以上数据显示，西藏的林地资源稀缺以及各地区分布不均衡，严重影响了当地林业经济的发展，对西藏当地的环境保护、气候改善的积极影响也较弱。

（3）牧场面积大，优质草场资源稀缺。近年统计数据显示，西藏可放牧地区占全区面积的比例为 51.13%，可放牧地区面积为 6 164.4 万公顷。其中牧地面积最大和最小的地区分别是那曲和日喀则，分别为西藏宜牧总面积的 31.58% 和 19.66%。可以看出，由于地处高海拔地带，相对林地和农地，西藏的草场资源较为丰富。其中，一等和二等宜牧地仅占总草场资源的 2.43% 和 9.58%，三等和四等宜牧地分别占比 32.43% 和 43.44%，五等及以下占比 13.13%。由此可以看出西藏地区高质量的草场资源较为稀少。除草场资源外，西藏的荒漠化、半荒漠化土地面积占全区总面积的比例为 36.84%，主要处于那曲和阿里地区，这种情况也在一定程度上阻挡了当地的畜牧业发展。

（4）河流较多，但水资源利用率低。西藏河流湖泊资源丰富。其中，河流有 100 条以上，主要来源于降水、高山冰雪融化以及地下水资源，污染物较少，水体优良。湖泊总面积为 24 183 平方千米，数量为 1 500 个左右，咸水湖占比较大。充足的水资源为西藏的农牧业提供了良好的发展环境，但从目前的调查情况看，西藏的水资源并不能被有效利用，丰富的水资源不能达到预期效果。

2. 农牧业发展现状

《西藏统计年鉴 2016》数据显示，2015 年，西藏农业户数为 57.02 万户，农业人口为 136.26 万人，其中，直接从事农林牧渔业的人数为 94.56 万人；实有耕地面积为 236.80 万亩，粮食总产量为 100 余万吨；年末牲畜存栏数达 1 832.68 多万只。从以上数据可以看出，西藏的农业和畜牧业发展速度加快，并逐渐呈现规模化，产业化经营和特色化优势开始显现。西藏的温室大棚技术逐渐成熟并开始推广，使得蔬菜产量大幅度增加，自给率也超过 80%。2015 年，西藏乡镇企业总产值达到 67.95 亿元，实现农林牧渔业总产值 149.46 亿元，全区农村社会总产值为 217. 41 亿元，农牧业经济呈现良好发展趋势。根据近年来西藏的发展情况，其农牧业发展呈现以下特点：

（1）第一产业总量增速较快。西藏第一产业增加值自 1990 年的 14. 1 亿元增加到 2017 年的 122. 80 亿元，增长 8. 71 倍，年平均增速为 8. 35%。这二十余年来，西藏大力推进农业综合开发项目，注重农牧业的内涵式发展经营，农牧业总产值增长速度较快，自 1990 年的 19. 5 亿元增长到 2017 年的 149. 46 亿元，年平均增速为 12%。西藏第一产业不但在总量上实现了 100 亿元的历史性突破，产业内部还呈现良好的比例关系与发展势头，这在一定程度上保障了西藏城乡居民对农畜产品的需求。

（2）农畜产品总量供需基本平衡。近年来，西藏农产品和畜牧产品从过去的长期物资缺乏到现在供需量基本达到平衡。农产品方面，粮食作物产量逐渐增加，进入 21 世纪以后，西藏的粮食产量维持在 90 万吨以上，2002 年达到最高 98. 4 万吨。同时，西藏特有农作物和经济作物产量在近年来也快速增长，并保持稳定。例如，2002 年青稞产量达到 63. 6 万吨，2005 年油菜籽产量达到 6 万吨。除产量呈现增长态势以外，农作物的耕地面积也在逐步扩大，单位年产量不断上升，粮食、青稞、油菜种植面积分别较 1990 年提高了 69. 08%、49. 5%、51. 69%；畜牧产品主要包括肉类和奶类，这两种产品的产量也在逐年上升，极大满足了西藏本地的需求量。综合来看，西藏已解决农牧产品短缺的状况，达到供需平衡并逐渐出现丰年有余的趋势。

（3）特色经济作物发展良好。西藏的特色经济作物主要包括水果、蔬菜、茶和中药材。以林果业发展情况看，1990—2015 年，全区果园面积由 629 公顷扩大到 3 215 公顷，增长 5. 11 倍；水果产量由 5 445 吨增长到 13 528 吨，增长 2. 48 倍。特色经济作物发展迅速，充分满足了西藏本地的需求。对于西藏的农牧民来说，经济作物的发展为他们生活条件的改善提供了途径。同时西藏的经济作物作为高原特色食品加工的重要原料，有极大的市场需求。西藏的特色经济作物拥有其他地区不可比拟的天然资源环境优势，这种优势使得西藏特色经济作物的市场价值不断提升。

（4）农业内部结构得到优化。随着西藏经济的不断发展，西藏的农业内部结构也在不断地根据时代的发展进行调整和进步。西藏现在的农业内部结构已由过去的单一种植、养殖变化为多产业结构，主要包括农畜产品加工、农村商贸、建筑、运输等。产业结构的不断优化使得种植、养殖产值占社会总产值的比例逐步下降而其他产业的产值占比逐渐上升，这就为西藏农牧民的收入提供了更多的途径，同时也提供了更多的就业机会，为西藏综合发展提供了前进的动力，展现出农村产业机构优化的综合效益。

（5）农村合作经济组织不断壮大。近年来，西藏将培育新型龙头骨干企业作为新型农村合作经济组织发展的一种重要形式，即采取"农合组织+公司+农户"等组织形式，大力培育发展各类龙头骨干企业。截至 2015 年年底，西藏全区共有各类农业龙头骨干企业 101 家，其中国家级骨干企业 8 家，自治区级骨干企业 24 家，地市级骨干企业 69 家，年平均实现总产值 23.2 亿元。新型农村合作经济的发展为西藏农牧民增收提供了新动力，有助于尽早地脱贫致富。西藏自治区党委、政府也一直高度重视西藏的农村合作经济组织的发展，并积极引进人才，同时将该项工作纳入年度政府业绩考核。各项数据显示，到 2011 年，西藏全区的农村合作经济组织已经达到 699 个，对西藏地区的经济发展、产业升级、市场扩张以及农牧民收入的增长起到不可替代的作用。

由以上分析可以看出，西藏的产业发展以农牧业为主，是西藏的支柱性产业。由于西藏地处高原地区，地区自然环境较为复杂，地形差异较大，高山、河流分布其中，农业发展也受此影响，呈现多层次的分布特点。因此，西藏的农业要依靠本地区的自然环境资源做出相应的措施，因地制宜，才能在不破坏脆弱的生态环境的基础上，实现最大的经济效益，从而发展农业。而西藏特殊的地理环境、脆弱的生态环境在一定程度上阻碍西藏本地农业的发展，主要问题表现如下：

一是资源的局限性。西藏地区面积广阔，资源也较为丰富，但事实上可以被开发并充分利用的资源较少且互补性差。西藏位于我国几大河流发源地的青藏高原上，水资源较为丰富但利用率较低，分配不合理导致水资源较多的地方出现浪费现象而水资源较少的地方农田得不到灌溉，从而影响农田产量。除水资源之外，西藏的耕地资源也较为稀缺，耕地质量高的面积占比较小，也在一定程度上影响了西藏的农业生产。

二是基础设施的局限性。在西藏，绝大部分区域都是干旱或者半干旱气候，严重缺水，只能依靠雨水进行灌溉，自然灾害频发，田间的管理水平低下，这些都造成了西藏地区农作物的产值低下。在自然条件较好的区域内，基础设施建设较为完善，田间的管理水平较高，作物抵抗灾害能力较强。想要解决这一问题，西藏必须搞好农田里的基础设施建设，增大灌溉面积，改善地区的生态环境，提高作物抗灾防旱能力，提升综合生产能力。

三是生态环境的局限性。虽然西藏日照充足，昼夜温差大，这些天然的优势有利于小麦、青稞等农作物干性物质的积累。但限制因素也很多，如山地较多、土地质量差等生态问题限制了农业种植的发展。同时由于生态环境恶劣，生产出来的农作物品质较差，就算是从别的地区引进高品质农作物进行种植，品质也远远跟不上。

四是市场的局限性。由于西藏地区市场局限性引起的农作物转化率较为低下，流通性也不高，农业没有成为主导型产业。另外，农产品的成本费用较高，但农产品的加工技术落后，因此农产品能带来的经济效益较低。这些因素都会使得西藏地区经济发展缓慢，市场经济发展不完善，农业经济带来的收入较低，等等。

二、西藏农牧民收入状况

（一）阶段性特征

通过对比分析，我们可以看出西藏地区农牧民的平均收入呈阶段性的发展状态，大体分为四个阶段：缓慢增长期、平稳期、低速增长期和快速增长期（见图2-3）。

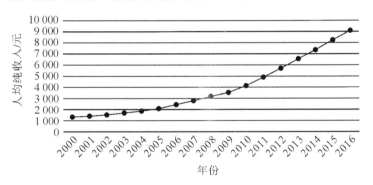

图2-3　西藏农民人均纯收入增长变化趋势图

第一阶段：缓慢增长期（1980—1986年）。该时期农牧民的收入增长很缓慢，该阶段实行了家庭联产承包责任制，农村生产力有了较大的提高，西藏农牧民的收入有了一定程度的增长。但因为西藏地区农牧民的经济发展基础薄弱，生产成本高，方式落后，还受到国家紧缩性财政政策的影响，缺少生产积累资金，再加上地处偏僻、交通不便等地理位置的原因，西藏农牧业的发展一直受限，农牧民的收入缓慢增长。

第二阶段：平稳期（1986—1994 年）。在这个阶段，西藏农牧民的人均纯收入增长处于平稳状态，1986 年，农民人均收入492 元；1994 年为 817 元，增长了 6.54%。从此阶段看，农牧民的收入增长速度缓慢，虽然在这个时期西藏的整体经济处于恢复和发展的阶段，但从农业方面看，生产率还是较低，因此农民的收入增长速度较慢。

第三阶段：低速增长期（1994—2004 年）。在这个阶段，西藏农牧民的收入进入增速阶段，2004 年农牧民的平均收入比1994 年增长 1 044 元，年平均增长率是 8.58%，增速加快。农产品的需求弹性较小，而且西藏地区个体经济能力不强，农畜品的价格较低，后来，西藏进行了社会主义市场经济的改进和完善，提高了农牧民的收入水平。不过由于西藏地区农村市场经济体系不完善，农产品的商品化率低，即使国家制定保护农产品价格的措施，对西藏地区农产品的增收效果也并不明显。

第四阶段：快速增长期（2004 年至今）。在这个阶段，西藏农牧民收入增长迅猛，2004—2016 年增长了 7 233 元，年增长率 14.13%。自"十一五"以来，西藏面临西部大开发和对口援藏等有利于发展的大好机会，地方党委以及政府紧紧抓住机遇，积极发展农业经济，积极进行农业经济结构的改革调整，全面贯彻落实中央"多予、少取、放活"的方针和坚持"稳粮、兴牧、促发展"的思路，扩大农业收入的渠道，实现收入多元化。"一产上水平、二产抓重点、三产大发展"的发展模式和"一乡一业""一村一品"农业产业体系为西藏农牧民实现增收扩大了平台，由此，农牧民的收入迅猛增长，但是，与全国农民和西部农民平均收入水平相比较，西藏农牧民收入水平还需要进入"高速发展"阶段，实现更大的发展。

（二）水平差异

对西藏农牧民的收入水平和全国平均收入水平或者西部平均收入水平进行比较，我们可以分析出西藏农牧民收入水平的差异性，通过研究比较《西藏统计年鉴2016》和《中国统计年鉴2017》中关于农民人均纯收入的近二十年的数据不难发现：与全国平均收入水平相比较，西藏地区农民的人均纯收入水平还是比较低，表现出较大的差距（见表2-1）。例如，2015年全国农民人均纯收入为11 421元，而西藏农民人均纯收入为8 244元，全国农民人均纯收入是西藏的1.39倍；2013年，西部农民人均纯收入为6 833.6元，西藏为6 553元，所以说，与全国农民人均纯收入和西部农民人均纯收入相比较，西藏农民的人均纯收入较低。

表2-1　西藏农民人均纯收入与全国农民人均纯收入水平对比

年份	西藏农民人均纯收入/元	全国农民人均纯收入/元	收入差/元	收入比值
1990	582	687	105	1.18
1991	617	709	92	1.15
1992	653	784	131	1.20
1993	706	922	216	1.31
1994	817	1 224	407	1.50
1995	878	1 578	700	1.80
1996	975	1 926	951	1.98
1997	1 085	2 090	1 005	1.93
1998	1 158	2 163	1 005	1.87
1999	1 258	2 210	952	1.76

表2-1(续)

年份	西藏农民人均纯收入/元	全国农民人均纯收入/元	收入差/元	收入比值
2000	1 331	2 253	922	1.69
2001	1 404	2 367	963	1.69
2002	1 521	2 476	955	1.63
2003	1 691	2 622	931	1.55
2004	1 861	2 936	1 075	1.58
2005	2 078	3 255	1 177	1.57
2006	2 435	3 555	1 120	1.46
2007	2 788	4 140	1 352	1.48
2008	3 176	4 761	1 585	1.50
2009	3 532	5 337	1 805	1.51
2010	4 139	5 919	1 780	1.43
2011	4 904	6 977	2 073	1.42
2012	5 697	7 917	2 222	1.39
2013	6 553	9 430	2 877	1.43
2014	7 359	10 489	3 130	1.43
2015	8 244	11 422	3 178	1.39
2016	9 094	12 363	3 269	1.36

数据来源：根据《西藏统计年鉴2016》和《中国统计年鉴2017》整理所得。

注：收入比值＝全国农民人均纯收入/西藏农民人均纯收入。

为了更清晰地反映西藏农民人均纯收入增长情况与全国农民人均纯收入增长情况之间的对比，我们根据表2-1中的数据制作如下的图示（详见图2-4），更直观地反映近二十年来西藏农民人均纯收入与全国农民人均纯收入增长变化之间的差距。

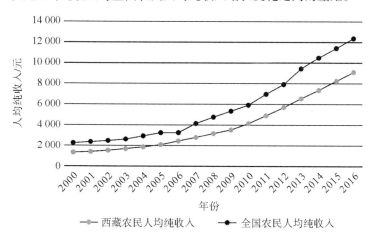

图2-4　西藏农民人均收入与全国农民人均纯收入增长情况对比图

从图2-4中不难看出，仅仅分析走势，西藏农民的人均纯收入和全国农民的人均纯收入差不多一致，但分析增长幅度，发现西藏比不上全国平均水平。

1990—1993年，西藏与全国农民人均纯收入比值相差不多，基本保持在1.21。1994年以后，全国农民的人均纯收入呈现较快的发展趋势，西藏农民平均收入增长速度较为缓慢，因此，人均纯收入比值不断扩大。1996年，二者之间的收入比值达到新高1.98。我们对二者之间的绝对数进行分析，1990年，收入差为105元，2016年，收入差为3 269元，收入差距逐年扩大。

（三）城乡差异

城乡差异从收入的角度入手，我们对比了西藏农民人均纯收入和城镇居民的人均纯收入情况。对于增长速度而言，居民的人均纯收入增长速度较快，于2016年达到30 671元，但是可以看出农民的人均纯收入为 10 330 元，虽然这些年农民的人均纯收入有快速的增长幅度，但是相对于城镇居民而言，农民人均纯收入的增幅还是比较小的，在 2016 年农民人均纯收入仅仅是城镇居民人均纯收入的三分之一（见表 2-2）。观察 1990—2016 年的相关数据，我们可以发现西藏城乡居民的人均纯收入差距呈先扩大再降低的趋势，差距的最大值出现在 1996 年，差距先行扩大的原因主要是城市经济发展速度相比农村快，城镇居民的保障制度相比农村完善，城市的收入渠道相比农村多，等等。差距再降低的原因是后来政府实行了一系列的惠农政策，使得农牧区的经济发展速度逐渐加快，城乡差距开始渐渐地缩小。但是不可忽略的是城乡居民收入的绝对数还是相差较大的，回顾历史，农村曾经为城市的经济发展提供了不可遗忘的贡献，但是目前城市经济带动农村经济的效果并不明显，正是这种二元结构使得农村人均纯收入较低，农村经济发展速度慢，城乡差距难以解决（见图 2-5）。

表 2-2　西藏农民人均纯收入和城镇居民可支配收入对比

年份	农民人均纯收入/元	城镇居民可支配收入/元	收入差值/元	收入比
1990	582	1 613	1 031	2.77
1991	617	1 995	1 378	3.23
1992	653	2 083	1 430	3.19
1993	706	2 348	1 642	3.33
1994	817	3 330	2 513	4.08
1995	878	4 000	3 122	4.56
1996	975	5 030	4 055	5.16
1997	1 085	5 135	4 050	4.73
1998	1 158	5 439	4 281	4.70

表2-2(续)

年份	农民人均纯收入/元	城镇居民可支配收入/元	收入差值/元	收入比
1999	1 258	5 998	4 740	4.77
2000	1 331	6 448	5 117	4.84
2001	1 404	7 119	5 715	5.07
2002	1 521	7 762	6 241	5.10
2003	1 691	8 058	6 367	4.77
2004	1 861	8 200	6 339	4.41
2005	2 078	8 411	6 333	4.05
2006	2 435	8 941	6 506	3.67
2007	2 788	11 131	8 343	3.99
2008	3 176	12 482	9 306	3.93
2009	3 532	13 544	10 012	3.83
2010	4 139	14 980	10 841	3.62
2011	4 904	18 115	13 211	3.69
2012	6 553	20 394	13 841	3.11
2013	7 359	22 015	14 656	2.99
2014	8 243	25 456	17 213	3.09
2015	9 094	27 802	18 708	3.06
2016	10 330	30 671	20 341	2.97

数据来源：根据《西藏统计年鉴2016》和《中国统计年鉴2017》整理所得。

注：收入比值＝城镇居民可支配收入/农民人均纯收入。

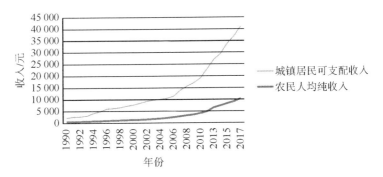

图 2-5　西藏农民人均收入与城镇居民可支配收入增长对比图

（四）区域差异

根据西藏的地理分布、资源分布、产业发展分布和自然环境，我们对西藏进行了区域划分，将西藏划分为三大经济区，进而分析这三个经济区内农牧民人均收入的差距。这三个经济区分别是藏西、藏中和藏东。藏西由日喀则、那曲和阿里地区组成，藏中由拉萨市与山南组成，藏东经济区由昌都和林芝组成。由于这三个经济区的地理位置不同，资源情况也不同，因此发展速度也有很大的差异，进而导致各经济区内农牧民的人均收入有很大的差距（详见表2-3）。

表 2-3　西藏三大经济区域农民人均纯收入变化及增速情况

年份	藏东/元	增速/%	藏中/元	增速/%	藏西/元	增速/%
2000	1 328	—	1 434	—	1 278	—
2001	1 401	5.50	1 518	5.86	1 327	3.83
2002	1 533	9.42	1 627	7.18	1 411	6.33
2003	1 709	11.48	1 794	10.26	1 563	10.77
2004	1 868	9.30	1 915	6.74	1 743	11.52

表2-3(续)

年份	藏东/元	增速/%	藏中/元	增速/%	藏西/元	增速/%
2005	2 095	12. 15	2 144	11. 96	1 898	8. 89
2006	2 332	11. 31	2 452	14. 37	2 254	18. 76
2007	2 756	18. 18	2 935	19. 70	2 589	14. 86
2008	3 177	15. 28	3 345	13. 97	2 932	13. 25
2009	3 514	10. 61	3 887	16. 20	3 256	11. 05
2010	4 198	19. 46	4 564	17. 42	3 761	15. 51
2011	5 383	18. 60	5 601	20. 00	4 505	19. 87
2012	6 230	15. 50	6 569	17. 30	5 398	20. 30
2013	7 256	16. 90	7 682	16. 95	6 272	16. 10
2014	8 099	24. 40	8 632	12. 50	6 986	11. 80
2015	9 007	11. 10	9 685	12. 20	7 722	10. 53
2016	9 998	11. 10	10 846	12. 00	8 521	10. 00
2017	11 098	11. 05	12 148	12. 00	9 402	10. 33
平均增速	—	13. 6	—	13. 33	—	12. 57

数据来源:《西藏统计年鉴2016》和《2017年西藏自治区国民经济和社会发展统计公报》。

根据表2-3，西藏三大经济区内农牧民的人均纯收入有着很大的差距，我们可以看出藏中地区发展最好，其次是藏东地区，藏西地区相比较而言较差。藏中地区主要有三个因素使得其发展较快，一是交通发展水平较好、条件便利；二是经济基础扎实、发展较快；三是靠近省会城市拉萨，其农牧民收入来源较广，农民人均纯收入由2000年的1 434元发展到2015年的9 685元，保持了较快的增长速度，这三个原因使得藏中地区的农牧民人均收入处于三个经济区的领先地位，起到带动整个西藏经济发展的作用，成为西藏经济发展的核心与重点。藏东地区处于中间水平是因为这里自然风光优美，资源丰富，气候宜人，临近四川、青海等地区，有一定的经济发展基础，因此藏东地区的农牧民人均收入仅次于藏中地区，发展速度相对而言比较快。最后我们可以看到藏西地区的农牧民人均收入增长速度最慢，与其他两个地区有明显的差距，这主要是因为藏西地区地理位置较差，海拔过高，交通发展水平低，人口密度低，自然资源缺乏，导致经济发展基础差，进而导致经济发展速度慢，人均收入水平低。

此外，我们可以根据表2-4分别对西藏三个经济区中农林水事务的支出占财政支农支出的比例同农业人口占总农业人口的比例进行分析，进而得出三个地区受支农政策的影响状态。首先，我们可以看出藏中地区农业人口比例23.12%小于财政支农中农林水事务的比例38.96%，意味着财政政策的倾斜；其次，藏东地区的农业人口比例30.92%与财政支农中农林水事务比例25.19%较为相近，意味着该比例较为合理；最后，我们可以看到藏西地区农业人口比例45.96%大于财政支农中农林水事务比例35.85%，意味着财政支农政策的不足。不难得出一个结论，财政支农政策的差异对三个经济区的农牧民人均收入发展起到了很大的影响作用并且影响了西藏整个地区的农牧民人均收入差距。

表2-4 2016年西藏区域间财政支农与农业人口占比差异分析表

地区		农林水事务支出/万元	占比/%	农业人口/万人	占比/%
东部	昌都	313 060	12.87	35.70	25.88
	林芝	299 743	12.32	6.96	5.04
	小计	612 803	25.19	42.66	30.92

表2-4(续)

地区		农林水事务支出/万元	占比/%	农业人口/万人	占比/%
中部	拉萨市	617 897	25.40	15.95	11.56
	山南	329 648	13.55	15.95	11.56
	小计	947 545	38.96	31.9	23.12
西部	日喀则	497 902	20.47	36.47	26.43
	那曲	257 080	10.57	22.24	16.12
	阿里地区	116 953	4.81	4.70	3.41
	小计	871 935	35.85	63.41	45.96
合计		2 432 283	100.00	137.97	100.00

数据来源:《西藏统计年鉴2017》。

(五) 与地区生产总值的对比

我们从收入的角度入手,对比了西藏农民纯收入和西藏人均地区生产总值之间的差距,可以清楚地看到两者之间增长趋势的变化(见图2-6)。1990—2015年,西藏农民人均纯收入以5年为一个周期的平均增速分别是8.57%、8.68%、9.32%、14.78%与14.88%,人均地区生产总值在每5年为一个周期的平均增速分别为13.07%、14.16%、14.6%、13.9%与13.02%。最开始的15年虽然农民的人均纯收入也有快速的增长,但是相对于西藏的地区生产总值而言,农民人均纯收入增幅还是比较小的,但是在近10年中农民人均纯收入的快速增长与西藏地区生产总值的增长幅度相差极小。根据这些数据,我们可以清楚地认识到,在当今西藏经济加速发展,农牧民的收入也快速增长,西藏想要获得与现代水平相一致的经济发展速度虽然还有很长的路要走，但是我们应该保持信心加大投入，为西藏全面建设小康社会做好充足的准备（详见图2-6）。

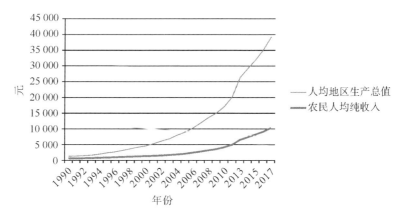

图 2-6 西藏农民人均纯收入与人均地区生产总值增长变化图

数据来源：《西藏统计年鉴2016》和《2017年西藏自治区国民经济和社会发展统计公报》。

（六）内部结构

西藏农牧民收入内部结构的分析重点从收入来源结构、收入性质结构等方面入手分析。

1. 收入来源结构分析

目前，西藏农牧民的收入主要有四个来源，分别是工资性收入、家庭经营性收入、财产性收入和转移性收入。根据1990—2016年的相关数据，家庭经营性的收入仍占据主要地位，从1990年的占比94.67%降至2016年的57.60%，虽然有很大的降幅，但其占比仍有百分之50以上；其次是工资性收入，从1990年的占比0.17%上升至2016年的24.25%，表明了伴随产业结构的不断优化调整，西藏农牧民选择外出打工以及从非农产业中获得的收入越来越多。此外，财产性收入和转移性的收入从 1990 年的占比 5.16% 升至 2016 年的 18.15%，虽然所占比重最少，但是相对于自身的基础而言，其增长变化是可喜的。总而言之，随着农村市场经济的发展，西藏应务实家庭经营性的收入，加快扩展工资性收入，稳定并推进财产性收入和转移性收入的增长。

2. 收入性质结构分析

对于西藏来讲，"种、养、殖、牧"四种产业一直为农牧民经济收入的主要来源，随着国家的大力扶持与西藏全区域的经济快速发展，原有的这种收入格局已经逐渐发生改变，由原先仅靠小农经济带来的收入逐渐发展成全方面、多种类的经济收入渠道，如非生产性的经济来源已逐渐成为农牧民收入的重要来源，这部分非生产性收入在 2016 年已经占农牧民收入的14.62%。此外，根据统计数据，西藏第一产业产生的收入在1990 年占总收入的 81.06%，于 2016 年降为 56.35%；西藏第二产业产生的收入在 1990 年占总收入的 2.89%，于 2016 年增长为17.93%；西藏第三产业生产的收入在 1990 年占总收入的9.15%，于 2016 年上升为 11.10%。据此我们可以看出西藏第一产业产生的收入所占比例逐渐降低，第二产业及第三产业产生的收入所占比例逐渐上升且上升幅度较大，特别是第二产业产生的收入增速最快，远超第一、三产业产生的收入的增速。这种产业结构的变化得益于西藏的经济政策"提升一产、壮大二产、搞活三产"与国家整体经济结构的调整，使得西藏城镇一体化发展、工业发展、信息技术发展的速度加快，农村剩余的劳动力得到了合理的分配，扩宽了农牧民经济收入的渠道，促进了农牧民收入的持续增长。但是不可忽略的是，虽然第一产业产生的收入所占比例持续下降，但其仍占产生收入的一半之多，我们仍需着重调整第一产业内部的农牧林渔的结构，通过政策指引、鼓励、调整农牧林渔的结构，充分利用西藏的资源，使每个行业都产生最大的经济价值。

（七）收入困境

1. 收入增长速度滞缓

西藏农牧民收入虽在不断增长，但其增长速度较为滞缓。不难发现，虽然西藏农牧民的收入在逐渐增加，但是我们可以看出收入的增长速度是缓慢的，针对这个问题，我们从以下四个方面进行分析。

一是农业产业内部结构单一化。西藏的种植业与畜牧业在农业产业中所占比例极高，占西藏第一产业增加额80%以上，进而导致了林业与渔业占西藏第一产业增加额不足20%。根据灰色关联度的相关分析，西藏种植业与畜牧业产值位于前两位，它们的关联度分别是0.953 9和0.947 2，林业与渔业产值的关联度为0.830 4和0.564 3（孙自保，2006），可以看出，林业与渔业关联度相对于种植业与畜牧业而言较低，进而我们可以看出在生态环境脆弱的高海拔地区开发林业是比较困难的，同时没有充分利用丰富的水资源来发展渔业，所以资源没有被充分利用。所占比例较高的畜牧业由于没有规模化，生产效益较低，产品竞争力低，使得畜牧业也没有发挥应有的经济贡献。此外，得益于国家政策对产业划分标准的变化，原来属于采掘业的木材和竹材的采运被规划到林业行业里，林业行业在一段时期内快速增长，但是其所占第一产业的比重仍旧偏低，是影响农牧民收入增长的重要因素之一。

二是粮食作物与经济作物播种面积所占的比例不合理。目前粮食作物播种面积所占比例高达80.54%，然而经济作物与其他作物播种面积所占比例仅为19.46%，造成了大约4∶1的比例结构。经济作物能为西藏农牧民带来较大的收益却没有占据相应的比例，虽然近年来经济作物的播种面积有所增长，但是基数小，很难带来规模经济效益。其他作物中的饲料作物可以用于畜牧业，但是播种面积所占比较小，难以满足西藏发达的畜牧业，产生了草畜之间的矛盾，从一定程度阻碍了西藏农牧民的经济收入。

三是产业效益不均衡。根据《西藏土地资源生产能力及人口承载量调查报告》，西藏的土地适宜进行农业生产的有 49.32 万公顷，适宜进行林地生产的有 1 393.2 万公顷，适宜进行牧业生产的有 6 160.4 万公顷，三种类型分别占据西藏土地面积的 0.41%、11.56% 和 51.13%。我们可以看到还有 36.9% 的土地，这部分是荒漠化或沙化的土地。根据数据，西藏的草地面积占比大，草场资源禀赋系数为 125.9，排在中国的首位，按理说，西藏的畜牧业应该与草地规模占同等优势，但是畜牧业的发展还不充分。

四是畜牧业的养殖比例不合理。众所周知，畜牧业的产值主要依靠三个方面：繁殖、增重、增长。然而根据数据，目前西藏的畜牧业还是游牧、自然放养的情形较多，缺乏科学的养殖指导和规模化的养殖状态，能够繁衍的雌性牲畜数量占比低，成长性好的大牲畜数量少，经济价值高的牲畜培育生产不受重视，使得牲畜的成活率与商品转化程度均较低，畜牧业作为农民收入的重要来源之一，这些欠缺之处影响西藏农民的收入增长速度。

2. 收入增长后劲不足

行业之间具有关联性，如农牧业的生产与后续加工、食品制造有着很大的相关性，中药材的培育同藏药开发存在很大的关联，还有西藏的民族手工业同旅游开发业息息相关。根据全国 2005 年投入产出直接和完全消耗系数表，只有食品制造业对农业的消耗最多，占据了中间投入的 49.89%，其他产业的关联度很低，关联效应没有被发挥出来。根据西藏自治区发改委的相关统计数，西藏农村的社会总产值与农业带来的收入的关联度高达 0. 919 4，而与副业收入的关联度仅是 0. 470 1。由此可见，目前西藏特别是农村的各行业之间还未形成完整的产业链，很难为国民经济发展和农牧民持续增收发挥足够的关联效应。深究这其中的原因，我们发现原因是多方面的，如农业与工业的发展不均衡，传统文化与现代文明之间的冲突，等等。这些因素导致西藏产业链不完整，收入后续动力不足，影响农牧民的收入持续增长。

3. 收入增长动力缺乏

西藏所处的地理位置导致了交通的不便利，使得西藏处于一种近似于半封闭的环境，进而导致了西藏农牧民难以与外界产生足够的联系，日积月累下来农牧民的思想也会逐渐落后于外部，他们安于现状，没有与外界竞争的动力，具体而言主要体现在三个方面：第一方面是不能很好地利用西藏独有的自然资源，如民族手工制品、高原旅游产业等，使得这些具有特色的产业缺乏发展及吸引力，不能带来对应的经济价值。第二方面是经营模式陈旧，西藏少部分企业虽然相对发展较快，但多数是家族企业，未形成规模化经营，没有科学的经营模式。第三方面是缺乏经济合作组织的带动，目前西藏的龙头企业数量极少，各地区的经济组织交流较少，西藏整个经济地区经济发展较慢，缺乏发展的后推力与前拉力，更不要提及圆圈式辐射及龙头企业的带动作用，进而影响西藏农牧民收入的增长。

4. 收入增长机制不灵活

相对于中国其他地区，西藏的经济发展较为缓慢。从西藏财政收入这个角度着手，我们从数据得知，西藏财政收入的 92% 来源于国家的财政转移支付，只有 8% 的财政收入是西藏自身产生的，这种自我造血不足的情况反映了西藏社会经济发展的不足和经济基础的薄弱。根据《中国统计年鉴 2017》，2016 年西藏农民人均年收入为 9 094 元，而全国人均年收入为 12 363 元，可以看到西藏农民人均纯收入仅为全国的 73.56%。然而根据西藏农民消费物价指数高于全国平均水平的数据，我们可以意识到西藏广大农民当前生活质量较低，相对高昂的生活成本使其农民群众无法进行资本的积累，进而无法改变已有的农业模式去发展现代农业，发展速度受到了极大的限制，进而农民的收入增长缺乏自造血的保障动力。

三、西藏贫困问题分析

（一）贫困标准

2008 年以前，国家统计局农调总队对全国非城市居民进行抽样调查，对居民所获得的收入和支出数据进行测算，得出贫困人口标准，这是绝对贫困标准。低收入标准是根据物价指数变化测算得出的贫困标准。2008 年以后，绝对贫困标准和低收入标准合二为一。为了消除贫困和进一步解决西藏农牧区的贫困问题，早在 1996 年西藏自治区人民政府制定了《西藏自治区扶贫攻坚计划》，将农区人均纯收入 600 元（90 元不变价）、牧区人均纯收入 700 元、半农半牧区人均纯收入 650 元确定为西藏的贫困标准，西藏以此标准为基础进行静态现价折算，调整其贫困线（详见表 2-5），其扶贫工作也开始由生产型扶贫向开发式扶贫转变。

表 2-5　1991—2016 年西藏贫困标准及贫困人口数量

年份	采取的贫困标准	总人口 /万人	贫困人口 /万人	贫困发生 /%
1991	农区人均纯收入 600 元，牧区人均 纯收入 700 元， 半农半牧区人均 纯收入 650 元	225.03	63.7	28.31
1992		228.53	56.3	24.64
1993		232.22	47.8	20.58
1994		236.14	48.0	20.33
1995		240.00	33.9	14.13
1996		243.70	25.7	10.55
1997		247.60	21.0	8.48
1998		251.54	14.7	5.84
1999		255.51	8.5	3.33
2000		259.83	7.0	2.69
2001	1 300 元	263.55	148.0	56.16
2002		268.24	128.0	47.72
2003		272.16	107.2	39.39
2004		276.35	86.0	31.12
2005		280.31	37.3	13.31
2006		285.08	32.0	11.22
2007		288.83	27.4	9.49
2008		292.33	23.5	8.04
2009		295.84	23.0	7.77
2010	2 300 元	300.22	83.3	27.75
2011		303.30	50.2	16.55
2012		307.62	58.3	18.95
2013		312.04	45.7	14.65
2014		317.12	56.6	17.85
2015		323.97	59.6	18.40
2016		330.54	53.0	16.03

数据来源：徐伍达. 西藏农村贫困问题研究［J］. 西藏研究，2009（6）.

从表 2-5 可以看出，与 2001 年相比，2000 年西藏的贫困人口发生了很大改变，统计口径的不同导致贫困标准和贫困人口数量变化较大。西藏在 2001 年采用新的贫困标准（1 300 元），当前采用的贫困标准是 2011 年国家贫困标准线（2 300 元）。中央政府高度重视西藏贫困问题，通过各种援藏政策加大了对西藏的扶贫力度，鼓励西藏自治区政府在加快西藏经济发展的基础上加大扶贫投资力度。近年来西藏自治区政府积极开展一系列扶贫工作，到 2017 年，西藏贫困人口经过几年来的努力下降为 47.9 万人，扶贫工作取得了显著成效，与 2010 年相比贫困人口减少了 35.4 万人，这与其制定一系列的扶贫政策有关。

（二）贫困人口

由于获取的数据资料来源有限，本书就以 2016 年西藏各地经济发展与贫困人口分布状况为例说明它们之间关联性（详见表 2-6）。

表 2-6　2016 年西藏贫困人口分布及各地经济发展情况

	贫困人口/万人	乡村人口/万人	贫困发生率/%	地区生产总值/亿元	农牧民人均纯收入/元
拉萨	4.42	27.59	7.35	424.95	11 448
昌都	13.75	56.18	19.60	147.86	8 038
山南	6.44	28.38	18.39	126.53	9 908
日喀则	12.78	61.29	16.43	187.75	8 135
那曲	10.47	39.35	20.84	106.24	8 638
阿里地区	2.86	7.34	29.04	41.43	8 695
林芝	2.28	12.70	10.96	115.77	11 812
全自治区	53.00	232.83	16.03	1 151.41	9 094

数据来源：根据《西藏自治区"十二五"扶贫开发规划》《西藏统计年鉴 2017》及相关资料整理所得。

从表2-6可以看出，2016年昌都贫困人口数量最多，为13.75万人；林芝贫困人口数量最少，为2.28万人。从贫困发生率来看，拉萨的贫困发生率最低，为7.35%；而阿里地区贫困发生率最高，为29.04%。可见，西藏各地的贫困情况与地区经济发展程度相吻合，即由西北向东南递减趋势，原因是自然资源、区域经济基础和社会发展水平等有很大差异，如阿里地区、那曲、昌都、日喀则等地多以农牧业经济为主，基本处于西藏经济薄弱区域，这里气候高寒，植被稀少，是造成贫困人口数量较多的原因之一。随着扶贫标准提高，受益人群也在不断增加，但是贫困人口数量并非随着扶贫工作不断推进而呈单向下降趋势（如图2-7所示），这是因为贫困人口数量会随着贫困界定标准变动而呈不规则变化，说明了扶贫攻坚工作的艰巨性和复杂性，需要立足当地资源，建立一种脱贫致富的长效机制。

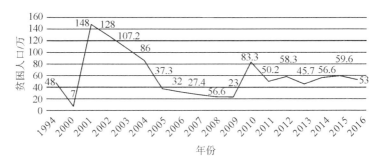

图2-7　西藏贫困人口数量变化趋势图

（三）贫困分析

1. 贫困特征

西藏作为我国唯一集中连片贫困地区，全区74个县区都是贫困县，贫困人口达58.9万人，贫困范围广、贫困程度深、致贫原因多样是西藏贫困问题的主要特点。2016—2017 年，西藏处于打赢脱贫攻坚战的关键时期，西藏自治区统筹整合中央本级财政涉农资金 200.92 亿元，并依托产业扶贫，综合开展金融、教育、生态等系列扶贫工作，取得了显著成效。截至 2016 年年底，西藏已有 10 个贫困县（区）实现脱贫摘帽，1 008 个贫困村退贫，14.7 万贫困人口脱贫，但是贫困问题仍是制约经济社会发展的因素，其贫困现状体现如下。

（1）收入型贫困占据主体。西藏全区面积 122.84 万平方千米，共有 236 万农牧区人口，按照 2016 年中央扶贫工作会议上明确的 2 300 元扶贫标准进行统计，截至 2016 年年底西藏共有 53 万贫困人口，占农牧区总人口的 22.5%，由于地理位置特殊、产业结构单一，西藏产业化程度普遍不高，导致其生产经营方式落后，农牧民收入来源少、增收渠道狭窄、农畜产品加工转化率低等使得农牧民家庭底子薄、积累少、实力弱、贫困化程度深。当前，西藏贫困人口主要依赖家庭农牧业经营性收入，以《西藏统计年鉴 2016》数据进行测算，贫困家庭农牧业经营性收入占比达到 56%，而其他收入来源较少，这种创收渠道的单一性导致西藏农牧民收入不稳定，这是一种收入性贫困特征的体现。

（2）资源型贫困大量存在。西藏大多数贫困户处在自然条件恶劣、生产生活条件相对较差的地区，由于高海拔缺氧、气候寒冷以及生态资源脆弱等自然条件的限制，贫困家庭赖以生存的耕地、草场和牲畜等占有量不足，如人均耕地面积不足 2 亩，比世界人均耕地 4.8 亩还少一倍多，同时生活条件艰苦也是一大因素。调研资料显示，当前西藏仍有 24.13% 的贫困户存在饮水困难问题，16.55% 的贫困户未通电，17.27% 的贫困户未通广播电视，15.92% 的贫困户属于危房户，其占有资源的"先天不足"是导致贫困的根源之一，且每年因灾、因病返贫率在

20%以上，而那些自然灾害易发、频发地区的返贫率能达到30%以上，甚至出现超过50%的高返贫率地区。

（3）条件型贫困形成困境。西藏贫困地区教育、医疗、通信、供电、能源等公共服务不到位，再加上交通条件和基础设施条件落后，导致贫困程度加深，脱贫难度极大。同时，受地震、滑坡、高寒、地方病等威胁，资源环境承载力严重不足，不适于人类居住，导致贫困发生率高，这在西藏较为普遍。近年来，国家不断加大脱贫攻坚力度，使西藏总体贫困人口数量呈下降趋势，但是各地贫困人口分布不均衡，贫困人口占比仍然比较大。例如，2016年年底，日喀则市、昌都市、那曲市的贫困人口分别为12.78万人、13.75万人和10.47万人，占全区贫困总人数的比例分别为24.11%、25.94%和19.75%。

（4）素质型贫困为其短板。西藏贫困人口普遍受教育程度偏低，主要原因为地理位置偏远、交通不便和经济社会发展基础薄弱等，加之贫困人口规模较大、劳动技能缺乏等，使得区内可提供的职业类型较少。调研资料显示，全区现有50.45%的贫困人口为文盲或半文盲，具有小学和初中文化程度的贫困人口占比达到45.53%，而具有劳动技能的贫困人口极少，占比仅为0.4%，且只能从事一些简单技术劳动，一些贫困人口处于安于现状和不思进取的状态，缺乏创新意识和科学致富理念，这是一种素质型贫困特征的表现。

（5）区域型贫困特征明显。全区内部发展的不平衡、不协调导致贫困人口的空间分布差异特征凸显。拉萨市、林芝市等发展情况较好，因此低收入人群比例较小。相比之下，那曲市、日喀则市、昌都市、阿里地区等地发展条件较差，低收入人口占较大比例。比如，贫困发生率高达42.6%的日喀则南林木县，其中心区域、周边城镇区域的低收入人口比例就小于那些远离城镇的偏远山区。74县（区）贫困人口在空间分布上分别表现为"全域大分散，局部大集中"和"竖向连片分割，横向边缘集中"的空间聚集特征，昌都市、那曲市和日喀则市是贫困度高的核心贫困区。

（6）多重型贫困相互交织。通过调研分析，西藏贫困不只是单一贫困因素所致，而是多重贫困因素叠加交织，如自身经济发展能力不足而导致贫困，或是存在生产资料缺乏等导致贫困，或是生存和生活环境条件制约，或是本身就存在脱贫致富意识不强等导致贫困，或是家庭人口疾病和劳动力不足等形成贫困，或是家庭生育人口过多导致负担过重而产生贫困。这种多种类型贫困往往叠加交织形成一种复杂性、复合型贫困，不仅加大了脱贫致富的攻坚难度，还为防止返贫和建立长效扶贫机制等形成了障碍。总之，西藏要因地制宜和"对症下药"才能有效彻底根除贫困。

2. 成因分析

从外部因素进行分析，主要有以下几点：

（1）地域限制，发展落后。由于西藏地处"世界屋脊"，其社会经济发展以及广大农牧区的交通条件均受制于特殊的区域位置和地理环境。西藏统计年鉴的数据显示，2008年，西藏全区公路通车总里程、晴雨通车一级公路里程、二级公路里程以及等外路公路里程分别为51 314千米、24 317千米、952千米和28 586千米。此外，西藏公共基础设施建设也十分落后，76%的乡镇未通电信光缆，10%的牧区收不到卫星信号，还有70万农牧民用不上电，约100万农牧民饮水安全存在隐患，再加上物价高出全国平均水平的50%，以及落后的污水垃圾处理方法，这些均遏制了西藏经济的进一步发展、农牧民的持续增收和西藏地区的和谐发展。

（2）生态脆弱，资源贫乏。西藏常年气候寒冷，平均海拔在4 000米以上，昼夜温差大，空气稀薄缺氧，不适宜植被和作物生长，人类生产生活条件差，地方病易高发。在这种地理环境和气候条件下，西藏产业发展基础薄弱，经济资源开发进程缓慢，可耕种土地盐碱化、贫瘠化、荒漠化现象严重。而当前农牧民主要依靠家庭农牧业生产活动获取收入，这种物质资源的本身匮乏导致其收入来源保障有限。通过对日喀则、林芝、山南、那曲等地近 100 户农户进行走访座谈了解到，其家庭农牧业生产经营收入占比为 56%，工资性收入（外出打工和就地临工收入）占比为 27%，转移性收入占比 13%，此外，还有少部分财产性收入等，占比仅为 4%（见图 2-8）。

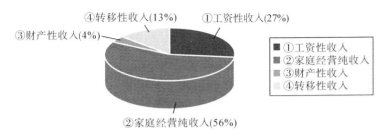

图 2-8　西藏农牧民收入来源构成图

当前这种落后的社会经济发展基础和生产方式等使得农牧业生产活动受限，这对于主要依靠传统落后和粗放低效生产方式获取经营收入的西藏农牧民而言，其家庭收入保障程度低，加之近年来西藏生态资源开始退化和耕地面积不断减少等，其收入来源渠道窄和主要收入保障程度不高是西藏农牧民贫困的主要原因之一，更加剧了其产生贫困化的概率。

（3）土壤贫瘠，承载力低下。西藏属于高原生态系统，土地普遍较为贫瘠，再加上旱灾、虫灾以及风蚀灾害频发，导致其抗干扰能力差，发展所需生态资源提供不足，土壤的生产力和承载力低下。全区宜耕土地中，一等、二等和三等、四等土地以及五等以下土地分别占 5.43%、15.71%、55.96% 和

22.9%。其中，一等土地分布在雅鲁藏布江、尼洋河、年楚河和拉萨河流域；二等土地分布在沟壑峡谷地带；三等、四等土地和五等土地分别分布在缓坡、山脚平地和荒山地区。此外，适宜灌溉的水资源很少，也大大限制了土地的承载力和肥力。目前，全区耕地复种指数为102.4%，远低于全国平均水平，草原总面积为9.24亿亩，大部分分布在海拔高度4 500米以上的地区。可利用草地面积为8.25亿亩，占草原总面积的66.32%。其中，天然草场占了绝大多数；围栏和人工草场面积较少，围栏草场有100多万公顷，而人工草场仅有不足60万公顷。目前草场沙化问题严峻，1989—1999年，气候灾害等因素致使1 346万亩各类农作物受灾，其中成灾面积为794万亩，最终造成280万吨的粮食损失。还有近几年几乎被完全沙化的西藏阿里狮泉河盆地数十千米内的土地，正在面临风沙威胁的西藏粮仓"一江两河"地区，以及在1988—2005年退化了39.64%的藏西北高寒牧区的草地。以上种种主要是过度放牧与不合理采摘活动导致的。

（4）承载过度，持续收入困难。面对西藏特有的具有巨大经济价值的药用植物，虫草、雪莲以及红景天等中草药植物被大面积肆意采挖，不合理的采掘活动导致地表植物的破坏和水土流失，从而加剧了农牧民的持续贫困化进程。因此，为了更好地解决西藏的经济、文化、政治、社会和生态文明建设中存在的问题，我们需要思考如何促进农牧业经济和自然资源的可持续发展。目前，一大部分农牧民尚未改变逐水草而居的游牧、半游牧生活方式，落后的生产方式使得增收更加困难。另外，人口的持续增长与自然环境之间的矛盾重重，按适宜人口承载量计算，在1993年、2000年和2016年这三年里，西藏人口超载数分别为91.23万人、75.30万人和110.59万人，说明了西藏高原生态环境正面临严峻的考验。

（5）科技创新不足，农业效益不高。西藏目前农业发展的科技含量仅有 36%，科技贡献较小，缺乏市场竞争力的农产品遏制了农牧民的收入增长。究其根源，主要是由以下几个方面的因素造成的。其一是农业科技人才欠缺、科技推广方法落后以及基层农牧区工作环境恶劣，导致科学技术应用不足；其二是传统陈旧思想根深蒂固，严重影响西藏农牧民对先进科学技术的接受程度，粗放的生产方式造成生产效率低下；其三是农牧业生产模式落后，长期缺乏科技创新，未能形成具有特色的发展机制和创新潜力；其四是土地资源的严重浪费导致农业成本很高，拉低了收入。总而言之，目前，由于农牧业产品种类少、质量低下和附加值过低，农产品无法规模化、地域化，我们很难提升其经济价值，进而也就无法提高农牧民的收入。

（6）农牧区环境恶劣，农业发展空间小。第一，西藏小城镇建设步伐缓慢，从而农牧区人流、物流、信息流等缺少必要运行载体，影响了农牧区社会经济繁荣与农村二、三产业快速的发展。第二，西藏大多农牧区资源稀缺，地处偏远，交通不便，基础设施建设非常滞后，让其社会经济发展很难找到突破口，这为农村社会经济发展带来了很大的阻力；靠天吃饭的现象尚未从根本上得到解决，农牧业抵御自然灾害风险的能力还很弱，这导致了社会发展缓慢。第四，由于农牧区市场体系不健全和不完善，西藏存在农畜产品"卖不了""卖不好"、流通不畅等一些现实问题，西藏农牧民持续增收在一定程度上受到了很大的制约。与此同时，城乡的分割体制制约农牧业经济全面发展，影响西藏农牧区和谐社会构建。在西藏经济社会发展过程中，原计划经济体制遗留的二元结构模式等引发当今"城乡分割"局面和发展落后及不平衡等情况。西藏农牧业处于传统农业阶段，其生产效益很难被提升，经常在市场竞争中处于不利地位，面临日益激烈的竞争环境和瞬息万变的市场环境，农牧民往往无所适从。

从内部因素进行分析，主要有以下几点：

（1）教育落后，农牧民文化素质偏低。西藏农牧区的教育事业相对落后，适龄儿童入学率由 1951 年前不到 2% 提高到 2015 年的 98.8%，但这个上升过程并非是直线式的，1981 年适龄儿童入学率达到 76%，1983—1985 年又下降到 50% 之下，1986—1993 年保持在 50% 左右，1994 年超过 60%，一直发展到 2017 年的 98.8%。西藏农牧民对于教育的重视程度普遍不高，广大农牧区学校的在校生巩固率较低，导致农牧民的文化素质偏低。根据 2010 年第六次全国人口普查数据显示，西藏具有高中文化程度的 4 364 人，具有初中文化程度的 12 850 人，具有小学文化程度的 36 589 人，文盲率几乎占到 41%，每 10 万人中具有大学文化程度的 5 507 人。西藏农牧民的文化素质决定了社会发展水平和农牧民认知能力及水平，从而进一步制约西藏农牧区经济社会发展方式的转变。目前，西藏文盲率仍然居高不下。根据 2008 年全国人口抽样调查数据西藏文盲率高达 37.33%，女性文盲率达到 46.85%，而全国文盲率平均数仅有 7.77%，西部地区文盲率平均数为 10.39%。西藏每 100 人中拥有高中及以上文化程度的人口仅为 5.07 人，是全国的最低水平。这个数据甚至还不及西部地区平均数的 1/2，也不及北京市的 1/10，西藏与全国及西部的平均教育水平相差较大。农牧民素质普遍偏低，比较难从事复杂劳动工作。当前，各类专业技术人才在西藏农牧区较为稀缺，高科技领军人才和实用技能型人才更为缺乏，一定程度上阻碍了在农业领域中广泛应用现代高科技。《西藏统计年鉴 2016》数据显示，2015 年西藏存在技术人员专业技能不高、知识观念落后和年龄结构不合理及队伍发展断层等现象；西藏全区只有 2 700 多名农牧业科技工作人员。

（2）观念陈旧，缺乏创新。随着社会经济的全面快速发展，西藏与外界的合作交流程度在不断加强，现代文明时时刻刻在影响农牧民的生活，对于地处偏远农牧区的农牧民来说要摆脱其良久形成的旧思想仍具有一定的难度。

（3）经济薄弱，矛盾突出。西藏农业经济发展过程中经历了底子薄、起步晚、基础差等现实问题，各种结构性矛盾依然很突出，如产业化程度低。其一是对于深加工和精加工及延伸产业链等方面尚欠缺，农牧业生产仍依靠初级产品开拓市场；其二是未真正发挥农牧业特色经济优势，工作重心应放到提高产品质量上来。其三是以家庭承包经营为主的小农经济仍占主导，以市场为导向的农业产业化程度低。其四是农业生产要素投入不足，不能有效适应现代高科技和信息技术快速发展的需求。其五是作为吸纳产业发展和承接农村剩余劳动力转移的小城镇建设进程慢、规模小、发展空间小。其六是缺乏有效的市场竞争与激励机制，使得一些极具发展潜力的特色农畜产品不能及时进入全国市场，这是市场体系建设不完善导致的。其七是目前西藏农牧民收入持续增长的长效机制尚未完全建立，还存在机制不活、保障不全、促进不力和成效不突出等问题，原因是增收机制不健全。

（四）扶贫成效

通过多年来的不断努力，西藏扶贫工作取得了一定成效，在此以 1991—2016 年西藏地区生产总值和贫困人口变化说明扶贫成效（见表 2-7 和图 2-9）。

从表 2-7、图 2-9 中可以看出，1991—2016 年西藏贫困人口数量在强劲的经济增长势头下呈现下降趋势，主要划分为三个阶段。

表 2-7 1991—2016 年西藏地区生产总值和贫困人口变化

年份	第一产业增加值/亿元	第二产业增加值/亿元	第三产业增加值/亿元	地区生产总值/亿元	地区生产总值增速/%	贫困人口/万人
1991	15.50	4.17	10.86	30.53	0.4	63.7
1992	16.59	4.46	12.24	33.29	7.1	56.3
1993	18.27	5.51	13.50	37.28	8.2	47.8
1994	21.10	7.92	16.82	45.84	4.0	48.0
1995	23.44	13.33	19.21	55.98	17.9	33.9
1996	27.15	11.39	26.22	64.76	4.2	25.7
1997	29.18	16.95	30.85	76.98	4.0	21.0
1998	31.31	20.24	39.63	91.18	1.7	14.7
1999	34.19	24.00	47.42	105.60	5.3	8.5
2000	36.32	27.21	53.93	117.64	2.1	7.0
2001	37.47	32.18	69.08	138.73	3.1	148.0
2002	39.69	32.93	88.81	161.42	4.4	128.0
2003	40.62	47.99	95.89	184.50	3.4	17.2
2004	43.33	57.61	110.60	211.54	4.9	86.0
2005	48.04	63.52	139.65	251.21	5.5	37.3
2006	50.90	80.10	160.01	291.01	13.3	32.0
2007	54.89	94.48	188.82	342.19	14.0	27.4
2008	60.51	115.76	219.64	395.91	10.1	23.5
2009	63.88	136.63	240.85	441.36	12.4	23.0
2010	68.72	163.92	274.82	507.46	12.3	83.3
2011	74.70	209.50	311.90	605.80	12.7	50.2
2012	80.38	242.85	177.80	701.03	11.8	58.3
2013	86.82	292.92	427.93	807.67	12.1	45.7
2014	91.57	336.84	492.42	920.83	14.0	56.6
2015	98.04	376.19	552.16	1 026.39	11.0	59.6
2016	115.78	429.17	606.46	1 150.07	10.0	53.0

数据来源：《西藏统计年鉴 2017》和西藏自治区扶贫开发办公室公布数据。

第一阶段是 1991—1999 年，受改革开放的影响，西藏传统的经济结构与经济制度都开始变革，这一时期对西藏农区、牧区以及半农半牧区农牧民的扶贫标准分别为 600 元、700 元和 650 元，贫困人口降幅达到 87.57%，绝对数减少了 49.3 万人，即由 1991 年的 56.3 万人下降到 1999 年的 7 万人。

第二阶段是 2000—2009 年，扶贫标准提高到 1 300 元，这个时期西藏经济呈现平稳增长态势，贫困人口由 2000 年的 148 万人下降到 2009 年 83.3 万人，降幅为 43.72%，减少了 64.7 万贫困人口。

第三阶段是 2010—2016 年，这段时期西藏经济呈现高速发展态势，此时的扶贫标准是 2 300 元。2010 年全区贫困人口为 50.2 万人，随着西藏经济的高速发展，贫困人口的减少速度加快，2014 年全区贫困人口下降到 32.7 万人，降幅达到 34.86%，累计减少 17.5 万人。

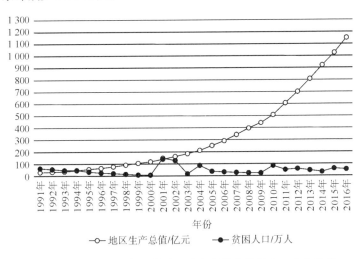

图 2-9 1991—2016 年西藏地区生产总值和贫困人口变化趋势

西藏在推进扶贫开发中所取得的成效可以归纳为以下三点。

一是具有藏家特色的产业基地初步建设完成，2014 年全区专业扶持的畜禽饲养数超过 135 万头（只），并建成 4 296 座温室大棚，扶贫中介组织和农牧民专业合作社有序成长。

二是积极加强扶贫培训，全区各地市扶贫培训工作稳步推进，据统计参加扶贫培训的贫困群众人数累计超过 3 万人。同时西藏加大扶贫开发投资力度，截至 2014 年年底累计投资已达42.2 亿元。

三是规范扶贫开发机制，随着《西藏自治区贯彻〈中国农村扶贫开发纲要（2011—2020 年）〉实施办法》颁布，其扶贫模式从粗放扶贫逐步向精准扶贫转变，有效增强了西藏扶贫工作基础，加强了扶贫资金监管工作，进一步完善扶贫财政金融政策。

第三章 西藏旅游资源基础 及扶贫开发可行性分析

一、西藏旅游资源基础

（一）西藏旅游资源的种类与数量

西藏80%的地域为农牧区，其乡村旅游资源有极大的开发潜力。西藏旅游资源可以划分为10个主类、34个亚类和110个基本类型，西藏旅游资源几乎覆盖了全国所有旅游资源的主类和亚类，主类和亚类分别占全国主类和亚类型的100%和97%，基本类型占全国的67%，主要以地貌景观、水域风光、建筑与设施等为主，雪山、湖泊、现代冰川、寺庙、温泉、古城庄园6类基本类型的旅游资源突出，如表3-1所示。

表3-1　西藏旅游资源各基本类型的个体数量统计

类型	基本类型名称与数量	总量
100处及以上的景点类型	寺庙（440）	1
50~99处的景点类型	雪山（87）、湖泊（97）、温泉（81）	3
30~49处的景点类型	现代冰川（38）、古城庄园（40）	2

表3-1(续)

类型	基本类型名称与数量	总量
20~29处的景点类型	民俗节日、奇山险口、山川河谷、名山土石	5
10~19处的景点类型	山岳景观、特色村落、山谷河流、野生动物	17
6~9处的景点类型	民间演艺活动、登山露营地、湖泊及其他观景点	22
5处及以下的景点类型	古城镇村落、古冰川遗迹、草原生态景观	66

资料来源：西藏自治区旅游局《西藏旅游发展总体规划（2005—2020年）》。

国内外大量旅游者被西藏壮丽的高原风光和世界"第三极"的品牌吸引，西藏的形象与品牌成为在旅游市场中竞争的制胜法宝。初步调查，西藏拥有29处极品旅游资源（见表3-2），这在全国乃至全世界极为罕见，利于提升西藏旅游市场竞争力，实施旅游扶贫开发战略。

表3-2　西藏的极品旅游资源一览表

旅游资源类型	极品旅游资源
寺庙	大昭寺、扎什伦布寺、桑耶寺、萨迦寺
古城庄园	布达拉宫、八角街等（拉萨老城区）、古格王国遗址
民俗风情	藏族民俗风情
山岳景观	珠穆朗玛峰、冈仁波齐峰、南迦巴瓦峰、纳木那尼峰、希夏邦玛峰
河谷景观	雅鲁藏布大峡谷、（墨脱）自然保护区
雪山	马卡鲁峰、卓奥友峰、洛子峰
现代冰川	恰青冰川、雅弄来果和阿托冰川

表3-2(续)

旅游资源类型	极品旅游资源
湖泊	纳木错、羊卓雍错、玛旁雍错自然保护区
峡谷河段	三江峡谷并流
其他	普若冈日冰帽、珠峰登山大本营、盐井盐田、罗布林卡、羌塘国家级自然保护区、扎达土林自然保护区

资料来源：西藏自治区旅游局公布的《西藏旅游发展总体规划（2005—2020年）》。

（二）西藏旅游资源的分布状况

从总体上看，西藏的优质旅游资源大部分位于青藏公路、新藏公路、川藏公路沿线，主要沿喜马拉雅山脉和念青唐古拉山脉分布，这为旅游资源的整合开发奠定了良好的基础。西藏旅游资源分布很不均衡，具有明显的差异性，这种差异关系到西藏各旅游区的功能开发定位和产业发展布局。西藏人文旅游资源主要以拉萨—日喀则—山南为中心的"一江两河"谷地最为密集，绝大部分位于海拔较低的河流宽谷地带。喜马拉雅山脉和念青唐古拉山脉区域主要以雪山、峡谷、冰川、山岳景观和河谷景观等旅游资源为主，以那曲为主的藏北高原区域主要以湖泊旅游资源为主，昌都的横断山脉和喜马拉雅山脉区域主要是以温泉旅游资源为主（详见表3-3）。

表3-3　西藏各地旅游资源构成基本情况

地区	资源主类数量	资源亚类数量	资源基本类型数量	资源单位	
				数量	百分比/%
拉萨	8	23	52	371.8	26.1
那曲	8	20	34	120.0	8.4

表3-3（续）

地区	资源主类数量	资源亚类数量	资源基本类型数量	资源单位	
				数量	百分比/%
昌都	9	26	56	241.5	17.0
林芝	8	19	33	73.5	5.2
山南	9	28	55	233.9	16.4
日喀则	10	25	44	253.3	17.8
阿里地区	7	15	20	111.0	7.8
跨地市	5	6	12	19.0	1.3

资料来源：西藏自治区旅游局公布的《西藏旅游发展总体规划（2005—2020年）》。

（三）旅游资源个例调查——朗县

近年来，西藏大力发展以藏家乐、牧家乐、农家乐、休闲度假点等为代表的乡村旅游新业态，不断拓宽增收致富门路，使得乡村旅游业得到快速发展，下面以林芝市朗县的旅游资源为例进行研究，分析其乡村旅游资源开发的优势。

朗县位于林芝市西南部，平均海拔3 200米，面积约4 106平方千米，辖3乡3镇，包括朗镇、洞嘎镇、仲达镇、金东乡、拉多乡、登木乡，全县有51个行政村和1个居委会（朗巴居委会）。截至2016年年底，全县总人口15 037人，境内人口多为藏族，只有1%的人口不是藏族，1%不是藏族的人口中有汉族、蒙古族、门巴族等。全县多为开阔谷地、坡地和山地，地势为北部和中部高、南部低，属于高原丘陵地貌类型，东南属于沟谷地貌，北部系念青唐古拉山脉南麓，最高海拔5 572.0米，南北两山组成一个巨大"V"形谷地。县境内群山起伏，山高河急，地表在河流切割和地质构造的共同作用下形成多种多样的地貌，有高山冰蚀冰碛地貌、高山流水切割构造地貌、河流阶地堆积地貌和风沙地貌等。

朗县有丰富的旅游资源，如勃勃朗冰川，该冰川位于朗县洞嘎镇卓村境内，距306省道12千米处，地处喜马拉雅山脉北坡，海拔6 179米。巨大的三角形峰体终年被冰雪覆盖，云雾缭绕，恰似蓝天下的盾牌，山峰如卧虎，如雄鹰展翅。在雪山脚下有两个湖，分别为冰湖和兔子湖，在进入冰川的山路中，随处可见大小各异的玉石。勃勃朗冰川和两个湖被当地人誉为神山圣湖。

拉多藏湖位于朗县拉多乡藏村，距县城36千米，湖泊面积6.7平方千米，海拔3 700米，由山泉汇集而成。拉多藏湖包括五个大小不同的小湖泊，分别是逢扎西湖、万鱼偏嘴湖、圆环湖、神马湖和尾湖。这五个湖之间以小溪相连，呈月牙和圆盘状。相传这五个湖是文成公主为解决拉多人民的旱灾，亲自挖沙掘水时遗落的五颗珍珠所变，给当地人民带来了幸福安康的生活。在村民的眼中，拉多藏湖里的水是圣水，用湖水来洗浴，能够清除人们心灵上的五毒和肌肤上的污秽，使人的心灵和文成公主一样纯洁良善。湖泊四周的松柏郁郁葱葱，五彩杜鹃争奇斗艳，湖水清澈见底，湖中游鱼如织，野鸭、白鹭游戏湖面，雪山草地倒映湖中，扎日神山遥遥相望，构成了如诗如画的人间仙境，令人遐想，流连忘返。

拉贡唐草原位于朗县登木乡，距306省道90千米，平均海拔为5 100米。拉贡唐草原的酥油香甜可口、营养丰富，牦牛肉味道鲜美。

扎西岗神殿位于朗县仲达乡拉丹雪村以南，所在地海拔3 337米。至今在扎西岗神殿的转经道上，有许多形状奇异的石头、石像和石刻，这些石头、石像、石刻形态各异，极具观赏和历史文化价值。

列山古墓葬群位于林芝市朗县金东乡列村，距金东乡政府所在地约有 2 千米，是在西藏发现的规模宏大、保存较好的大型墓葬群之一。墓地分布在东西两处，东部墓群为主墓葬群，约有 185 座墓穴，西部有 38 座墓穴。东部墓群散落在列山前沿一片较为平缓的坡地上，其主墓群分布在坡地东南部，坐东朝西，背山临河，其正面沟底是由南向北汇入雅鲁藏布江的金东河。靠近东北部的数十座墓葬则散落在一座高坡上，依地势而建，自然有序，坐东朝西或坐南朝北。主墓葬群所在的东南部墓群中，大墓居高，处于显要位置，小墓葬排在其左右；右边的小墓葬群在一大块南高北低、走势平缓的坡地上。目前，列山墓葬群遗存约 223 座墓葬，分布面积为 82 多万平方米。从列村顺着东南方向爬上此坡地，就能看到规模壮观的墓葬群。

金东藏纸制作技术具有一千多年历史，是极具西藏特色的手工产品，金东藏纸是藏纸技艺的分支和重要组成部分。最初，金东藏纸厂建在金东康玛村，称"卓秀扎"。到了 19 世纪初期，工厂被迁移至岗村。现在岗村叫"秀扎"（意为藏纸厂）的地方就是过去的金东藏纸厂所在地。金东藏纸的主要原料是柏树皮，辅之柏树、瑞香狼毒等植物。与其他藏纸相比，金东藏纸有自己的特点：一是过了上千年也不会有蛀虫；二是纸面光滑；三是耐用，抗潮性强；四是上面的文字、图画清晰，保存时间长。过去一段时间里金东藏纸技术几乎失传，近几年随着国家非物质文化遗产抢救工作的开展，金东藏纸制作工艺也得到恢复和发展。2000 年，金东乡新建了金东藏纸生产厂，厂址位于乡政府所在地东雄村西北的公路旁。快要失传的藏纸制作技术又重新恢复了生机，重返历史舞台。2011 年金东藏纸入选了国家级非物质文化遗产名录，现在已得到了更好的传承与保护。

甘丹热登寺位于林芝市朗县仲达镇拉丹雪村，是塔布一带最大的格鲁派寺院，所在地平均海拔 3 267 米，2008 年入选县级文物保护单位。该寺占地面积为 5 173.7 平方米。截至 2005

年年底，该寺定编人数为 15 名，实有僧人 12 名。寺庙最初建在加查鲜热村，后于 1397 年迁至仲达瑞，距今有 600 多年的历史。

卓村是朗县洞嘎镇的一个行政村，坐落雅鲁藏布江中下游。卓村以农林业为主，牧业为辅，村民主要收入来源有虫草销售、交通运输、劳务输出、经济林木及辣椒种植等，该村先后荣获"全国美德在农家示范点""民主法治示范村""自治区文明村""五好文明家庭示范村""新农村新文化示范村"、林芝市"先进基层党组织"、自治区"先进基层党组织"等。卓村自身具备资源、物质等修建藏东南旅游环线的优质条件，2012 年年底经有关部门决定卓村三年的发展规划为发展生态旅游。生态旅游建设包括生态观光林的建设、自然景点的修复与开发、非物质文化遗产的保护、开办文化底蕴深厚的藏家乐等。其中，开办文化底蕴深厚的藏家乐方面，无论是自然条件还是物质条件，卓村都具备了得天独厚的优势：一是便利的交通条件，卓村位于省道 306 线的林邛公路旁边，距朗县县城 35 千米，距林芝市八一镇 205 千米，便利的交通条件利于旅客的游行与农家乐的宣传。二是优美的自然风光，距卓村两千米处的边嘎沟坐落勃勃朗冰川脚下，还有美丽的兔子湖，雪山的两边是布满杜鹃花的山峰。不仅如此，2011 年村周边种植了 12 亩以紫叶李为主的生态林，2013 年种植了 75 亩藏东桃，这些都为当地旅游事业添砖加瓦。三是具有较好的物质基础条件，房屋整齐并排，村道实现户户通。卓村优质的资源为开办农家乐提供了物质基础，生产地与销售地的结合也为农家乐提供了更坚实的后备储量。不仅如此，绿色、无公害的农家食品为农家乐打造一种健康的绿色经营理念，为消费者提供原汁原味的乡村绿色食品，因此在激烈的竞争中渐显优势。四是文化底蕴深厚，卓村有浓浓的"塔布"民风，建有村级文化公园，旅客能体会到每个节日的风采。目前，卓村农家乐共有 11 户，三星级 1 户，二星级 2 户，一星级 3 户，共有床位 87 张，提供餐饮、住宿、藏家生活体验及采摘（夏秋季节）等服务项目。

可见，朗县具有丰富的自然风貌和人文旅游资源，政府立足独特的旅游资源，大力发展乡村旅游业，近年来朗县旅游人数和旅游收入持续增长。2016 年全县旅游人数达到 10 万人次，收入近 5 000 万元（见图 3-1）。

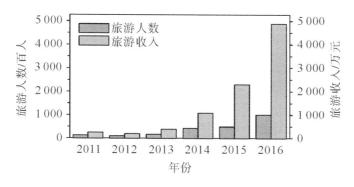

图 3-1　朗县旅游收入

二、西藏旅游业现状及扶贫困境分析

（一）西藏旅游业发展现状

从西藏旅游业发展情况看，旅游业发展对西藏经济结构调整和产业结构优化等起着积极作用，为第一、二产业发展提供了新的市场空间。从第三产业内部看，西藏旅游业总收入占比和增速都在逐年增长，带动了商贸、餐饮、服务业、金融、保险等行业的快速发展。

1. 发展速度

我们对 2006—2015 年西藏旅游业增长速度进行分析，旅游总收入、第三产业增加值和全区地区生产总值均保持了较快增速（详见表3-4和图3-2），并且旅游业与第三产业及地区生产总值增长趋势基本吻合。在西藏"提升一产、壮大二产、搞活三产"的产业发展战略指导下，旅游业呈现广阔的发展空间与市场前景，为推动旅游扶贫开发带来了契机与潜力。

表3-4　2006—2015年西藏旅游业总收入、第三产业增长情况比较

年份	2006	2007	2008	2009	2010	2011	2012	2013	2014	2015
1. 旅游收入/亿元	27.71	48.52	22.50	52.00	69.30	97.00	126.40	165.00	204.00	280.00
增长率/%	—	75.10	-53.63	131.11	33.27	39.97	30.31	30.54	23.64	37.25
2. 第三产业增加值/亿元	159.76	188.06	218.67	240.85	274.82	322.57	377.80	438.07	492.35	553.31
增长率/%	—	17.71	16.28	10.14	14.10	17.38	17.12	15.95	12.39	12.38
3. 地区生产总值/亿元	290.76	341.43	394.85	441.36	507.46	605.83	701.03	807.67	920.83	1 026.39
增长率/%	—	17.43	15.65	11.78	14.98	19.38	15.71	15.21	14.01	11.46

数据来源：《西藏统计年鉴2015》和《2015年西藏自治区国民经济和社会发展统计公报》。

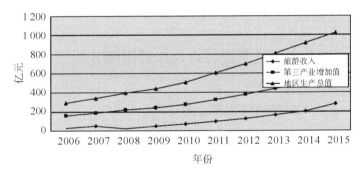

图3-2　2006—2015年西藏旅游业总收入、第三产业、
地区生产总值情况对比图

2. 发展规模

我们对发展规模进行分析，西藏旅游收入占比增长较快，

2006 年旅游收入占地方生产总值和第三产业增加值比重分别为 9.53% 和 17.34%，2015 年增长率已分别达到 27.78% 和 50.6%，各年度占比见表 3-5 和图 3-3。同时，西藏旅游人数也在不断增长，2006 年为 215 万人，到 2015 年已达到 2 000 万人，可以看出西藏旅游业能有效带动当地经济发展，旅游业若能与当地扶贫工作相匹配，更加增大其对地区经济增长的贡献率。

表 3-5　2005—2016 年西藏旅游业总收入占地区生产总值和
第三产业比重及旅游人数增长情况　　　单位:%

年份	2006	2007	2008	2009	2010	2011	2012	2013	2014	2015
旅游收入占地方生产总值比重	9.53	14.21	5.70	11.78	13.66	16.01	18.03	20.43	22.15	27.28
旅游收入占第三产业比重	17.34	25.80	10.29	21.59	25.22	30.07	33.46	37.67	41.43	50.60
旅游人增长率	—	86.98	-44.28	148.21	22.66	27.42	21.75	22.02	20.29	28.78

数据来源:《西藏统计年鉴 2015》和《2015 年西藏自治区国民经济和社会发展统计公报》。

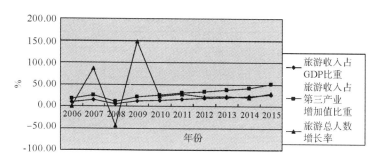

图 3-3　2006—2015 年西藏旅游业总收入占地方生产总值和
第三产业比重及旅游人数增长情况

3. 旅游业贡献率与弹性系数

旅游业贡献率指一定时期内（通常为一年）某地区旅游业总收入增加量占当年地区生产总值增加量的比重，反映了旅游业总收入的增长程度对总产值的推动作用。而旅游弹性系数表示总生产值每增长 1 个百分点所包含的旅游业总收入增长的贡献程度。计算公式如下：

$$旅游业贡献率（拉动系数）= \frac{旅游业总收入增加量}{地区生产总值增加量}$$

$$旅游业弹性系数 = \frac{旅游业总收入增长速度}{地区生产总值增长速度}$$

从 2006—2015 年西藏旅游业贡献率和弹性系数计算结果来看（详见表 3-6），虽然西藏旅游业对经济增长的贡献率在增长，但是受旅游业规模和管理水平的制约，旅游业抵御风险的能力较弱（见图 3-4）。例如，2008 年西藏旅游业弹性系数为负数，表现为西藏旅游业总收入增长速度为负值，之后西藏旅游业总收入得到稳步回升，至 2015 年全区旅游总收入已占到第三产业比重的50.6%，说明西藏旅游业对第三产业发展的贡献具有"半壁江山"的作用，我们应不断发挥其对扶贫开发的积极作用。

表 3-6 2005—2016 年西藏旅游业的贡献率与弹性系数计算结果

年份	2006	2007	2008	2009	2010	2011	2012	2013	2014	2015
旅游业对地区生产总值贡献率/%	41.07	63.43	-48.71	26.17	28.16	30.88	36.20	34.46	72.00	41.07
旅游业弹性系数	4.31	11.13	-3.43	2.22	2.06	1.93	2.01	1.69	3.25	4.31

数据来源：《西藏统计年鉴 2015》和《2015 年西藏自治区国民经济和社会发展统计公报》。

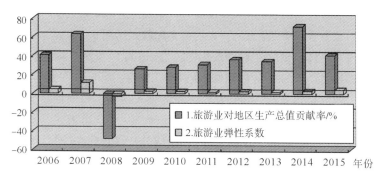

图 3-4 2006—2015 年西藏旅游业贡献率与弹性系数

（二）西藏旅游扶贫现状及困境分析

1. 西藏旅游扶贫现状分析

开发旅游资源和发展旅游业能为贫困人口提供就业、创业机会，这是一种机会扶贫和能力扶贫，旅游扶贫与社会救助等最大的不同是通过农牧民的辛勤劳动脱贫，旨在增强他们的自我发展能力，从而走上脱贫致富的道路。

从西藏旅游扶贫实施情况看，2015 年西藏接待旅游总人数达到 2 018 万人次，实现旅游总收入 280 亿元，旅游从业人员 32 万人。其中农牧民群众参与人数达到 9.7 万人，实现农牧民人均增收 1.05 万元，可见旅游业对西藏扶贫工作发挥了积极作用。西藏作为重要的世界旅游目的地，其旅游资源得天独厚，扶贫优势明显，目前已经形成了"以旅助农、农旅结合"的旅游扶贫发展新格局。以林芝市为例，目前全市建有 4 条旅游专线公路，建成旅游景区（点）25 个，形成了以林芝为核心区域的民俗文化田园旅游区，旅游业已经成为全市新的经济增长点和最具发展潜力的优势产业。林芝市旅游局统计数据显示，2015 年全市农牧民家庭旅馆有 394 家，床位 6 322 张，直接参与旅游服务经营的农牧民有 8 136 人，年接待近 200 万人次，实现乡村旅游收入 7 707 万元，人均可支配收入达到 9 473 元，让农牧民真正体验到吃"旅游饭"、走"旅游路"和发"旅游财"。旅游扶贫产生的效应主要体现在以下几方面：

（1）经济效益。一是农牧民经济收入得到大幅度提高。西藏许多乡村都在积极开展民俗乡村旅游，一些从事木匠、瓦匠等受季节性影响的工作的农牧民可以利用空闲时间返回村中开展旅游业，这部分额外增加的收入有效地调动了他们脱贫致富的积极性；二是带动周边地区经济全面发展。开展乡村旅游，更多的游客了解西藏乡村，土特产品和农副产品销路大开，并创造了一些新的就业岗位，发挥了"以旅助农、农旅结合"的作用。

（2）社会效益。乡村旅游的开展使西藏广大农牧民追求更好的生活环境的愿望更加迫切，西藏大部分农牧民对城市生活方式有着不同的看法，其在经营旅游业过程中，他们能够接触新鲜事物，增长见识，从而提高自身素质和不同程度地融入现代社会生活中，加速了西藏乡村与外界之间的融合交往进程，有助于树立劳动致富的观念。当农牧民从旅游经营中获得了收益时，其参与意识会更强。

（3）多重效益。一是旅游业不仅拓宽了西藏农牧民的增收渠道，而且还带动了当地关联产业的发展，如引导农牧民大力发展绿色养殖产业和现代生态产业、观光农业等，使得广大农牧民养成健康、文明、生态、环保的生活方式，推动绿色生态环保事业在农牧区的发展；二是调动农牧民学科学、用科学的积极性，不断提高科学文化素质，增强参与市场竞争的能力与活力；三是增强农牧区社会局势稳定性。当农牧民的收入来源稳定了，农牧区社会局势也就稳定了，农牧民会自觉承担起维护社会和谐与稳定的重大责任，这是一个良性循环。

2. 困境分析

（1）短期行为。对口援藏政策一般是三年一轮换，即定期轮换制，在推动西藏旅游资源开发和乡村旅游扶贫项目中发挥了积极作用，但是缺乏长效性、连续性和持久性。西藏贫困地区普遍缺乏人才、技术和资金，各种援助政策一定程度上能够缓解燃眉之急，但这种定期轮换的对口援藏政策在客观上是短期行为，使当地已开发和正在开发的旅游扶贫项目缺乏可持续性和连续性，甚至在开发实施过程中取得的一些成果难以得到有效巩固，导致脱贫后"返贫"现象依然出现，这需要建立一套旅游扶贫的长效机制。

（2）缺乏统筹。旅游扶贫就是要充分利用当地旅游资源为贫困人口提供就业和创业机会，这是一种机会扶贫和能力扶贫。但会出现照搬别人模式的现象，缺乏科学规划和周密考虑，一味地模仿他人的模式，这种缺乏规划和全面统筹的旅游扶贫开发项目降低了当地旅游产品的市场价值，产品同质化现象严重，缺乏特色性和创新性。事实上贫困地区由于封闭落后，很容易出现盲目地仿效其他先进地区的做法，结果出现低档次开发和随意、重复甚至滥开发现象，造成了许多不可再生旅游资源的损害和浪费，也失去了通过发展旅游改善自身经济状况的一些条件和机会。

（3）设施落后。在贫困地区发展旅游业首先是要夯实基础设施，当前西藏贫困地区的区位条件和环境基础等相对较差，这些落后的旅游基础设施及配套服务体系一直是困扰其旅游业发展的瓶颈，也严重影响了西藏旅游扶贫项目的有效续实施。同时，由于技术水平和经济基础相对落后，一些急于摆脱贫困的地区急功近利、竭泽而渔，对原本就很脆弱的生态资源进行盲目、过度、粗放地开发，致使当地旅游资源再次遭到严重破坏，环境设施建设任务更为艰巨，对旅游扶贫开发带来了阻力。

（4）受益不均。贫困地区发展旅游业旨在为当地贫困人口带来稳定收益，并从某种程度上反映旅游扶贫的功效。但在现实中贫困地区农牧民由于整体文化素质较低，直接失去了参与旅游经营活动的机会和影响从中受益的程度，主要是由于这类人群思想观念、技术水平和科技文化素质偏低，大多被排斥在旅游经营活动之外，使得在旅游扶贫开发过程中真正受益最多的是开发商和旅游经营者等，这一直是旅游扶贫问题上的"窘境"。

三、西藏产业扶贫开发调查

（一）产业扶贫案例

1. 产业扶贫模式一：南木林县人工种草产业项目扶贫

南木林县位于西藏自治区日喀则市东北部，这里生态环境脆弱，生态治理与恢复是困扰当地经济可持续发展的一大瓶颈。2015年，南木林县委、县政府有针对性提出"加强生态环境治理，发展绿色生态产业"的新理念，将其作为促进农牧民脱贫致富的新路子。该理论提出，在市农牧局的引导下进行精确定位，以人工种草方式全面发展规模化、高产高效的人工草场，把草产业作为发展农牧业经济的主导产业和富民强县的支柱产业，不断加强人工种草的科学化管理力度，提能增效，走人工草场特色产业发展的新路子。该理念不仅有效缓解了草料总量不足和季节性供求不平衡的矛盾，为保障牲畜口粮创出一条新路，而且为全县现代畜牧业产业化发展提供先决条件。该理念为促进农牧民持续增收和实现生态资源可持续利用奠定了良好基础，其主要做法如下：

一是因地制宜，精选项目。南木林县经济发展水平低，产业导向不明确，南木林县委、县政府经过认真调研，分析市场对畜牧产品需求量大，农区畜牧业的发展势在必行，开展人工种草是农区畜牧业发展的基础。该县充分利用雅鲁藏布江沿岸大量可开发利用的荒地和水资源等，加大宣传力度，提高当地农牧民对人工种草产业的认知度。在20世纪80年代该县建有牧草繁育基地，积累了丰富种草经验，有良好的群众基础。因此，为促进产业再度发展，南木林县提出"立草为业、产业兴县"的长远发展战略。

二是整合资金，合力发展。在确定长远发展战略的基础上，该县整合农牧、水利、林业、扶贫等部门项目建设资金10 831万元，按照"田连片、路相连、旱能灌、涝能排"的要求，建设人工草地灌溉系统。通过平整土地、客土改造、土壤培肥等措施，该县建设5.8万亩高标准人工饲草基地，带动了一期草产业的发展。

三是强化指导，正确引领。在草产业建设过程中，该县坚持强化指导，贯彻突出重点、突破难点、打造亮点的工作思路，组织各行业专家、技术人员和监管人员，围绕人工饲草基地建设、合作社成立与运作、实验基地建设、机械化作业、牧草产品开发等建言献策，提出具体实施意见。同时，政府发挥组织作用，成立专门工作机构，针对项目建设制定详细实施方案，落实责任到人，并进行监督管理，把工作做实做细，全面正确引领草产业建设。

四是加强合作，科技支撑。南木林县政府与西藏百绿草业科技有限公司合作，开展覆膜种植、种子包衣、免耕播种、测土配方施肥、病虫害综合防治及草产品加工（裹包青贮）等实用技术交流与应用，推进人工草地科学化发展。目前，南木林县建有种子驯化及良种引种筛选基地315亩，种植76个牧草品种、紫花苜蓿、黑麦草、青贮玉米等多个品种主要性状表现良好，绿麦草、甜燕麦等品种制种成功，其中绿麦草种子亩产量达到 200 千克以上。

五是更新工艺，提质增效。该县在成功建设大面积人工饲草基地的同时，实现耕作、播种、收割、搂草、打捆、青贮等各项工艺环节机械化，如种植区域机械收割率已达到 100%，有效提高了工作效率，提高现代牧业机械化水平。为了减少牧草营养成分损失，在生产干草捆的基础上，该县探索生产裹包青贮草和青干草，实现了田间收割打包一体化工艺流程，方便了运输、仓储、销售等业务，并有效降低了经营成本。

六是利益联结，促进增收。为确保人工饲草基地的正常运行，该县建立健全草产业发展长效机制，成立了由艾玛乡等 8 个乡村 1 030 农户参与的人工饲草种植农民专业合作社，采取"科技+合作社+基地+农户"的运行方式，带动贫困人口 6 500 多人，贫困群众人均创收 1 700 元以上。该县通过发展草产业，既充分利用自然资源和夯实当地经济基础，又实现贫困人口脱贫致富和可持续发展，对于维护地区和谐稳定等具有积极作用。

2. 产业扶贫模式二：贫困区生态补偿扶贫

根据走访调查，西藏扶贫工作按照"创新、协调、绿色、开放、共享"的发展理念，不断向"绿色脱贫"之路转型。目前，全区结合生态保护建设工程，让贫困人口（含农村低保人口）担任生态管护员，为其提供生态保护政策性专兼职岗位约 50 万个。其中，重点生态公益林管护员岗位 140 466 个、天然林保护区管护员岗位 19 272 个、非公益林保护区管护员岗位 34 000 个、非公益林野生动物疫病监测员岗位 20 000 个、湿地生态保护区管护员和监督员岗位 17 251 个、沙化地管护岗位 18 900 个、草原监督员岗位 85 300 个、水生态保护和村级水管员岗位 62 724 个、农村公路养护员岗位 11 000 个、旅游厕所保洁员岗位4 000个、城镇保洁员和村级环境监督员岗位3 470个、地质灾害群测群防监测员岗位2 957个、生态保护机动岗位80 660个，并全面落实岗位补助资金15亿元，帮助具备劳动能力贫困人口建档立卡，让其参与生态环境保护和建设工作，稳步实现年人均增收3 000元，既利于保护生态环境，又增加了贫困人口的收入，是一种双赢的"绿色脱贫"路径，其启示主要有两点：

一是以保护生态为托手，促脱贫致富。目前，西藏市场发育程度低，产业发展滞后，对贫困地区和贫困人口的辐射带动力弱。但是西藏农牧民与当地自然生态环境之间有着浓厚的乡土情，西藏依托生态保护工程，既能让贫困人口积极参与到生态环境保护与建设中来，又能使贫困人口实现脱贫致富，有助于解决产业脱贫不能及时解决的眼前贫困问题，并使之具有稳定的收入来源。

二是以改善民生为始点，促社会稳定。改善民生是一切工作的出发点和落脚点，也是全面建成小康社会的关键点，是实现西藏"增长为本"向"民生为本"转变的重要举措。消除贫困、改善民生关系西藏经济社会的和谐稳定与可持续发展。西藏让贫困人口参与生态保护建设，让其"有事做、有钱赚"，避免劳动力闲置，有效维护社会稳定。同时，生态补偿脱贫政策让贫困群众切实感受到党和国家对他们的亲切关怀。

3. 产业扶贫模式三：尼玛乡发展实体经济扶贫

尼玛乡系那曲市辖乡，尼玛为藏语，意为"太阳"，乡政府驻地伯古塘，位于县城正东130千米处，面积769平方千米，人口0.42万人（第六次人口普查），尼玛乡大部分村不通公路，以畜牧业为主，牧养羊、牦牛、黄牛等。针对行政八村的自然资源和区位特征，尼玛乡通过实地调研，确立了实业扶贫模式，利用扶贫政策和金融政策，先后建设了"热萨安塔加工厂"和

"扶贫预制砖沙场"两个项目，提升当地新型经营主体的自主脱贫能力。"热萨安塔加工厂"项目经营主体为尼玛乡文成农牧民综合经济合作社，总投资164.7万元，其中贷款147.2万元。该项目共吸纳扶贫建卡户16户，受益的贫困人口18人，项目受益类型有放牧、挤奶、安塔产品加工、安塔产品销售、安塔厂房清洁保洁及产品运输等。其中，2016年已有三户通过安塔产品加工和销售实现脱贫。"扶贫预制砖沙场"项目经营主体为八村村委会，总投资428.6万元，贷款300万元。该项目共吸纳扶贫建卡户39户，受益的贫困人口达52人。

两个项目一共解决了当地55户、贫困人口70人的就业增收问题，基本涵盖了当地的所有建卡贫困户，当地实体经济扶贫发展模式成效显著，通过实体经济项目的建设引导，可确保到2020年扶贫攻坚任务保质保量完成。这种模式的启示主要有以下几个方面：一是发挥本地资源优势，选择对环境负面影响小的项目；二是吸纳本村剩余劳动力当地就业，有利于促进牧业集约化生产，可以辐射带动周边乡村发展；三是实现了扶贫方式的转变，随着村实体经济的健康稳定发展，有助于提升乡村自主再生的扶贫能力；四是有了经营实体作支撑，农牧民可以获得持续稳定的收入。

4. 产业扶贫模式四：房屋租赁带动脱贫

西藏山南市泽当镇以创新、协调、绿色、开放、共享的发展理念为引导，依照国家的战略部署攻坚脱贫和精准脱、扶贫，促使贫困人口增加收入，整合各项扶贫资金，将闲置房屋进行出租，由西藏山南雅砻投资有限公司以项目形式运营，按照"龙头企业+产业扶贫公司+贫困户"的模式进行管理，一方面吸纳务工促脱贫，即将贫困户聘到公司，安排值班、巡逻等工作，发放工资，带动20名贫困户增收脱贫；另一方面以利润分红促脱贫，每年按照5%的固定分红支付给产业扶贫公司，产业扶贫公司再提供新的就业岗位，充分调动农牧民群众的积极性和主动性，引导更多的农牧民积极参与经营管理，按期给他们发放工资，不断提高这些贫困农户收入，并有效发挥企业辐射带动作用，不断形成贫困户脱贫和促进增收的良性循环模式。

5. 产业扶贫模式五：尼玛乡异地搬迁扶贫

异地搬迁是把部分贫困人口从不适宜居住地区搬迁到其他易居住地区，集中安置，通过产业扶持、转移就业等方式，增加贫困家庭的就业机会和收入，以达到脱贫致富的目的。异地搬迁不仅承担了脱贫攻坚任务，也对改善贫困人口居住环境有积极意义。尼玛乡是集中连片脱贫攻坚区，异地搬迁的贫困户比较多，有 168 户贫困户要进行异地搬迁，脱贫方式主要有产业扶持、转移就业、教育扶贫及社会兜底等。经尼玛乡党委、乡政府、贫困户与施工方积极协调，已完成搬迁点的选址工作并投入建设。

6. 产业扶贫模式六：教育扶贫

全面建成小康社会是党和国家到 2020 年的奋斗目标，为实现全面建成小康社会，国家对连片特困地区加大扶持力度。连片特困地区的贫困现状除了收入和资源困乏，更主要的是极度缺乏人力资源。而作为根除性扶贫的教育扶贫，能有效提高贫困区域和贫困家庭的自发发展能力，还能断绝贫困的下代遗传性，是扶持开发连片特困地区的最好方法。大量研究显示，国家在教育领域的投入方面，教育投资每增加 1 万元，就有 9 个人能够脱离贫困，效果比投资科研高了 30%。

（二）对旅游扶贫开发的启示

一是旅游扶贫是一个系统工程，政府应高度重视，完善相关政策和措施，完善基础设施建设，不断加大对旅游开发的投入与引导力度。旅游扶贫需要得到全社会的支持和配合，发挥社会各界的力量，将旅游扶贫开发作为重心，并重视其成效。

二是旅游扶贫开发需要仔细研究市场动向，因地制宜，开发特色旅游产品。我们应充分考虑当地的民俗民风，遵从当地居民意愿，开发旅游特色优质项目，结合乡村旅游受众市场需要，对更加合适的旅游新产品进行开发。

三是旅游扶贫开发既要为贫困者创造短期致富项目，又要使贫困人口能够获得长期、稳定收入，不断鼓励全员积极全程参与，重点引导贫困人口主动参与旅游扶贫开发工作。

四是结合教育扶贫、技术扶贫和项目扶贫等，不断提供实用技术培训机会给贫困者，积极引导贫困人口参加各种技能培训活动，旨在全面提高贫困人口个人素质和致富能力。

五是旅游扶贫开发要注意产业结构的优化调整，重视保护生态环境，有较大的环境承载量和旅游接待能力，并应用宏观调控手段配置乡村旅游资源，实现乡村旅游扶贫开发可持续发展。

四、西藏旅游扶贫开发的必要性与可行性

（一）必要性分析

（1）促进民族共同繁荣，实现全面脱贫致富。西藏处于我国的重要位置，虽然拥有丰富旅游资源，但经济发展水平较低，为了尽快改善西藏农牧民生活水平，我们就要开展旅游扶贫开发工作，旨在缩小我国东西部地区差距，让各族人民共同享受国家繁荣昌盛给予的丰厚成果，是实现西部大开发的重要战略措施。我们要以和谐稳定和长远发展为战略目标，妥善解决好西藏当地农牧民的脱贫致富问题。因此，面对丰富的旅游资源

和当前农牧区贫困落后的事实以及前所未有的历史机遇，西藏应该抓住机会，因势利导，推动旅游扶贫开发。

（2）对接"一带一路"倡议，建好南亚大通道。"一带一路"倡议的实施为中国西部落后地区带来了发展机遇。西藏发展旅游产业要借力"一带一路"倡议，借助不断建设的联通体系，西藏旅游产业将迎来新一轮的大发展，更多的游客将进入西藏，有助于推动当地经济社会全面发展。随着西藏旅游扶贫开发工作全面启动，将会有更多的贫困农牧民走出去，不断学习和借鉴外界先进经验，进一步科学规划和合理开发家乡独特的自然风光和人文环境。因此，针对"一带一路"倡议和孟中印缅经济走廊建设，西藏应坚持"兴边、惠民、强区"的扶贫工作原则，按照"大旅游、大产业、大发展"的总体思路，有序开展扶贫开发工作。

（二）可行性分析

1. 高原自然景观优势

西藏面积广阔，拥有迷人的特色风光，是构造西藏高原旅游的自然景观的基础，所有这些都可被打造成旅游产品，如大面积的藏区西部的沙漠戈壁、藏区东部郁郁苍苍的原始林区、藏区北部广阔的大草原、藏区南部历史悠久又神秘的农庄，加之神奇的地壳运动使得西藏的山峰色彩绮丽，一些山间谷地有特色的小气候和小环境，一座座村庄与青稞和油菜花相互映衬，构成一幅宁静安详的高原田园画卷。

（1）独特的自然环境构建"第三极"。整个西藏被喜马拉雅山、昆仑山和唐古拉山环抱，独特的高山、高原及冰川风光旅游资源成为青藏高原的主体，故有"世界屋脊""地球第三极"之誉。西藏有举世闻名的喜马拉雅山脉，世界上任何地区的山峰数量和海拔都无法与之相比，是"万山之顶""地球之岭"。西藏多数山峰终年被冰雪覆盖，由于海拔高，西藏形成了地球"第三极"的高山冰雪奇观和低维度地区罕见的壮观冰川。

（2）高原和湖泊错落有致。西藏有 1 500 多个湖泊，著名的有纳木错、羊卓雍错、巴松错等。湖泊风光独特、景致各异、分布广泛、大小不一，与高原特有的植被和周边的雪山冰川相互映衬，犹如蓝宝石镶嵌在群山莽原之间，构成了典型的高原湖泊景观。西藏区内湖泊分为藏北内陆湖区、藏东南外流湖区和藏南外流内陆湖区，这是根据水系和湖泊的分布特点进行划分。除此之外，西藏地热丰富和温泉资源遍地，如羊八井地热温泉，是著名的旅游景点。

（3）高原生态系统构建特殊生物基因库。西藏是青藏高原特有的动植物种类的栖息繁衍地，巨大的地貌差异、复杂的气候条件形成了多样化的自然生态系统。西藏拥有动物资源品种3 000多种，如观赏价值很高的牦牛，闻名遐迩的野驴、盘羊、藏羚羊等是高原特有珍稀动物，野牦牛、藏野驴、藏羚羊等高原特有动物种群在高寒荒漠系统中生长繁衍。西藏是世界上最为奇特的高山动植物园，孕育了数量庞大且独特的动植物种类，含 40 多种不同类型的自然生态保护区，国家重点保护的珍稀野生动物有 100 多种，植物品种和野生动物种类繁多。

2. 建筑特色

西藏的寺庙大多是金顶闪烁，内部布置装饰华丽，寺内佛像众多，实属游览的绝顶好地。

经历了 1 300 多年的发展，藏传佛教形成了许多教派和创建了许多寺院，产生了雕塑、壁画、唐卡等具有藏族特色的工艺品，具有独特的旅游观赏价值。民间寺庙集聚了数目庞大的珍贵财富，融建筑、绘画、雕塑、音乐于一体，表现了人民的智慧，是优质的旅游资源。

3. 独特的高原民族风情

在历史长河中西藏形成了极具地域特色的民族风情，有明显区别于他地的风俗习惯、生活方式、宗教信仰和建筑形式等，如民族礼仪、风俗禁忌、结婚办丧、赛马节会等。具有藏地民俗特色的玉石器、金银器皿、土陶器、藏香、唐卡、氆氇、藏式小刀、藏式木碗等提升了旅游纪念品价值，酸奶子、糌粑、风干肉、酥油茶、奶渣、青稞酒等具有独特藏地风味，藏历年、林卡节、沐浴节、摆花节、望果节、雪顿节等更增添了藏民俗文化内涵。一些风韵独特的娱乐活动，如西藏最流行的锅庄舞、热巴舞、堆谐舞、踢踏舞、勒谐舞等，游客不仅能观赏，还能参与其中，极大地提升了游客在西藏旅游的乐趣。

4. 良好政策环境导向

（1）2001 年，中共中央、国务院在北京召开了第四次西藏工作座谈会西藏要将旅游业的发展放在首地位并加快发展的步伐，用其行业特点带动相关产业发展，使旅游业成为新的经济增长点。《西藏自治区旅游发展总体规划（2005—2020 年）》指出，在西藏实现跨越式发展并将西藏特色经济核心产业和一大优势产业定位于旅游业，使其成为推动西藏社会经济有效的跨区式发展。近 10 多年来，中央加大了援藏工作力度，在政策、资金等方面为西藏旅游业发展营造了良好的政策环境。

（2）国家实施的"西部大开发"战略中，西藏被列为重点扶持的省区，以交通、能源、城镇等为代表的基础设施建设是重点。这些政策为推动旅游扶贫开发创造了条件。这些基础设施基本上改变了西藏交通上的不利局面，目前，西藏已经明确旅游业在全区产业发展中的重要战略地位，将其作为西藏第一大产业加以扶持。

（3）"一带一路"倡议为西藏经济社会发展，特别是旅游业跨越式发展提供了机遇，西藏地处我国的最西部，是南亚各地文化交融的集中地区，也是连接南亚、中亚等国的纽带，打造欧亚区域经济一体化新格局是"一带一路"倡议的一部分。西藏自治区第十届人民代表大会常务委员会第二十七次会议修订通过的《西藏自治区旅游条例》，其公布实施为进一步规范西藏旅游市场，促进西藏旅游业大发展提供了政策指南，并为全面实施旅游扶贫开发创造了良好的政策环境。

第四章 国内外旅游扶贫经验借鉴及启示

一、国外旅游扶贫经验与借鉴

19世纪50年代中期，法国率先出现了乡村旅游，随后乡村旅游盛行于欧美洲，并出现了多样的形式，乡村旅游产生了良好的经济、社会、生态效益。随着贫困问题受到越来越多国家的重视，到20世纪末期，便产生了旅游产业和扶贫致富相互支持的方式，即通过开发旅游产业来解决国内的一些贫困地区的扶贫、脱贫问题，使得一些原来较为贫困的地区通过旅游业发展经济。

（一）日本乡村旅游——修学旅游

日本虽然工业发达，但农业相对落后，在一些偏僻的山区尤其如此。为缩小城乡差距，发展落后地区经济，日本政府制定了许多有助于这些地区经济发展的政策，包括政府资助（如中央财政拨款、补贴）、税收减免、银行低利率贷款以及放宽土地限制条件等优惠措施，支持企业到农村地区投资（如兴建旅馆、国民旅行村、自然旅游村和旅行度假村等），允许企业对其设备加速折旧，对旅游企业进行保护。需要指出的是，日本的修学旅行教育对日本农村经济和旅游业的发展有着很大的促进作用。在日本，小学、初中、高等教育学校的学生进行修学旅行是课程必修项。在修学旅行过程中，学生可以学到课本外的知识，在旅行中学生更容易学到知识。根据学习内容的不同，修学旅行也被分成不同的类别。比如，学习历史知识的学生可以参观日本境内的古迹、历史遗迹等。还有的学生到农村观光或体验生活。这种到山区去体验农村生活的修学旅行，不仅可以增加学生课外知识，有助于学生素质的提高，而且有利于该旅行地的旅游业发展以及山区群众提高收入。日本虽然将修学旅行作为在校生的必修课，但考虑到学生修学旅行需要花费一大笔钱，特别对于那些家庭条件不好的学生来说是一个很大的负担。为减轻学生家庭负担，从1959年起日本政府财政设立专门的资金用于在校生的修学旅游，对于公立小学6年级和中学3年级的学生在修学旅游过程中产生的交通费、住宿费及参观费用国家补贴一半，并且根据社会经济发展状况进行调整。比如，在1962年，日本财政总补助修学旅游在校生人数约为36万人，补助每位小学生的修学旅游费用为750日元，中学生为1 900日元；在1970年，日本财政当年共补助修学旅游在校生人数约40万人，补助每位小学生的修学旅游费用为1 800日元，中学生为5 800日元。另外，从1973年开始，为给交通和自然条件等方面较差的偏僻地区（3~5级）学校的所有中小学提供修学旅游的机会，国家补贴所需费用的三分之二，以扩大视野，提高教育水平，补助对象共计28万余人。其中，小学生补助人数达13 542人，每位小学生补贴3 100日元；中学生补助人数达14 859人，每位中学生补贴8 900日元。这种措施至今仍在被执行。日本这种措施从旅游额度方面看，虽然相当有限，但有助于自然条件良好的山区旅游业的发展。

（二）韩国乡村旅游——民泊农庄

韩国作为当今世界主要旅游目的地国家之一，其乡村旅游产业的发展地位不可动摇。韩国在最初发展旅游时，国家政府及其他行政部门主要是发展乡村旅游业，重点扶植以个人为单位的乡村旅游。到20世纪90年代，韩国旅游市场发展得已经比较成熟，乡村旅游也进入了快速发展期。韩国乡村旅游产业发展最为成功的代表之一是1999年韩国政府实施的民泊农庄项目。韩国的民泊农庄乡村旅游项目在政府相关部门的支持下，获得了较快的发展，根据相关部门统计的数据，截止到2006年年底已有243个村落、3 421农户参与民泊农庄项目。仅凭该项目韩国年均接待观光客约200万人次。韩国的民泊农庄是一个具有鲜明地方特色的乡村旅游项目，集乡村风俗文化体验、文化遗迹观赏于一体。韩国政府不直接出资支持乡村旅游业，而是为项目的经营者提供相关的专业培训，帮助经营者更好地经营乡村旅游项目。除此之外，韩国政府会进行宣传，为民泊农庄吸引顾客。

（三）南非旅游扶贫——PPT战略

南非的贫困地区拥有一流的旅游资源和旅游产品，具备旅游开发扶贫的先决条件。从1999年PPT战略引入南非至今，南非在旅游扶贫方面的工作已开展有十多年时间，且取得了许多令人瞩目的成绩。南非的旅游扶贫工作并非十全十美，但是多年来，南非政府调动国内外各方面积极性，在全国范围内开展PPT工作，并得到国际理论界、金融机构等的广泛支持与关注，其中有许多有益的经验值得我们学习和借鉴。第一，强调PPT的理念。南非提出经济、社会与环境要综合发展，尤其是重视企业公民意识，重视非经济因素的影响，突出国家政府在旅游扶贫过程中的指导性作用。第二，列入国家战略，多个部门共同参与，制定政策、法规、法律等一系列保障措施。作为国家经济战略的先导产业，具有国际竞争力的旅游业将是政府建设和发展的主要动力。第三，建立示范区，以获取战略实施的教训和经验。南非 PPT 项目组与试验区的企业建立密切联系，加强与地方的联系，目的是形成一个对贫困人群有长期影响的战略。第四，强调企业的介入，强调企业的责任。从方法上讲，强调企业经营方法的改变，强调企业与当地社区的联络工作。第五，重视非政府组织的作用。南非政府与国际组织合作，发挥非政府组织在旅游扶贫中的功效。

（四）经验总结

一是旅游扶贫是一项整体性的工作，得到公众的拥护和配合，呼吁社会各部门的积极参与是非常重要的，国家政府部门需要在旅游扶贫中发挥引导作用；二是我们要时刻关注市场的动向，抓住旅游市场的深层需求，开发合适的旅游产品；三是完善相关政策、措施，发挥政府的宏观调控手段；四是既要让贫困人口有短期收益，又要能够帮助贫困人口建设具有长久性收益的项目；五是为贫困人口提供培训机会，我们要引导贫困人口参与实用脱贫技能培训，可以全方位提升贫困人口的个人素养和致富能力；六是旅游扶贫开发要注意产业结构的优化调整，在保护生态环境的前提下实现可持续发展。

二、国内旅游扶贫经验与借鉴

由于市场需求的推动作用，我国贫困地区也已开展旅游扶贫工作。1991 年我国第一次提出旅游扶贫的发展倡议，之后又召开旅游扶贫开发工作座谈会议，对经验进行了总结，促使很多贫困地区通过旅游产业发展经济，从而缓解贫困人口的贫困现状。当前，旅游产业成为国内经济增长新的发展点，宁夏六盘山是我国国家级旅游扶贫首个试验区，整个试验区开展娱乐休闲、环境保护、扶贫开发等工作，当地政府部门与农户合作，进行现代科技生态农业的开发，开发与保护并行，有效地缓解当地贫困现状。历经长期探索，我国基本上得出了一种普遍适用的旅游扶贫模式，该模式具有乘数效应，旅游业包含多个行业，最基本的六大行业为食、住、行、购、游、娱，其中任意一个行业的开发都能够拉动其关联方面的开发，并促进当地经济的发展。

20世纪80年代后期，国务院扶贫办、国家旅游局等相关部门已经认识到开发贫困乡村地区旅游资源同当地经济发展的密切相关以及旅游扶贫的重要性，因而在我国的"七五"计划中，政府将大力发展乡村旅游业正式列入国民经济社会发展计划之中。这一计划的实施不仅为我国旅游业的发展带来了一次新的机遇，而且使得我国一些偏远贫穷落后又具有丰富旅游资源的乡村地区获得大量资金。在国家一系列政策和大量资金的支持下，我国一些有条件的地区开始了乡村旅游资源开发工作，经过数十年的发展，一些地区已取得了比较好的成绩，如四川的九寨沟和黄龙寺风景区、贵州的龙宫和织金洞风景区以及江西的井冈山等。此后，随着国家和地方政府的日益重视特别是中西部发展战略的提出，中西部贫困乡村地区迎来了巨大的发展机遇。许多地方摸索出不少具有本地特色的乡村旅游扶贫开发模式。乡村旅游尤其是农家乐等旅游产品的开发与推广，在一定程度上可以说是城市居民对农村的一种扶持方式。乡村扶贫旅游开发是一种公益性产业开发，有别于纯粹的投资性产业开发，是一种旅游扶贫模式。无论是哪种扶贫模式，只要有助于当地老百姓的脱贫致富，都应值得肯定。经过十多年的旅游扶贫工作实践和经验总结，我国已形成了诸多各具本地特色的乡村旅游扶贫模式，如原生态旅游扶贫模式、旅游扶贫实验区模式、特色文化开发模式、特色农业与产业观光体验开发模式、景区依托开发模式、农家乐开发模式、BOT 模式（私营机构参与建立、经营、转让）、RHB 模式（资源、人、效益一体化发展）等。从我国乡村旅游扶贫工作的实践看，我国目前主要存在四种有代表性的旅游扶贫模式：大旅游大扶贫模式、乡村旅游扶贫试验区模式、对口乡村旅游扶贫模式以及立体化乡村旅游扶贫模式。贵州在实施乡村旅游扶贫过程中，一方面积极与国际接轨，与法国、奥地利、爱尔兰等国际旅游机构达成广泛的合作，使该地区乡村旅游成为与国际接轨的乡村旅游发展新模式；另一方面大力发展本地特色乡村旅游产业，其中具有典型代表的有雷山县"巴拉河模式"、凯里市地区"协会+农户"模式，以及安顺天龙的"政府+公司+旅行社+协会"的"天龙旅游开发模式"。

在四种乡村旅游扶贫模式中，较为有代表性的是立体化乡村旅游扶贫模式，该种模式要求从社会整体考虑，需要全社会多主体、各部门参与乡村旅游扶贫项目工作，最终形成一个立体化全方位的乡村旅游扶贫项目模式架构。这种模式实践的典型代表是广东省，广东省在进行乡村旅游扶贫工作过程中，以当地政府为主导，系统化运作，外援与自主开发相结合，加速各种社会资源的优化整合。然而，这种乡村旅游扶贫模式也存在一些缺陷，就是依托大量的专项资金或者特殊政策。什么是大旅游大扶贫模式呢？这种模式一般是指不发达区域利用对于贫困人口有利的旅游产业进行开发，从而带来可观的扶贫效果的扶贫模式。大旅游大扶贫模式较为典型代表有湖南湘西、云南石林等贫困乡村地区的乡村旅游扶贫开发模式。乡村旅游扶贫试验区模式是指在具有丰富旅游资源的贫困乡村区域建立一定地域范围的国家级或者省市级旅游扶贫实验区域，通过开发乡村旅游产业并取得的成效，对其他地区起到一定的示范作用的模式。这种模式的典型代表有宁夏六盘山、安徽天堂寨等的乡村旅游开发。对口乡村旅游扶贫模式是一种发达地区对贫困地区进行对口扶贫的模式。这种模式的典型代表有深圳对贵州毕节、广州对广西百色的对口旅游扶贫。从总体上来说，我国这四种乡村旅游扶贫模式都是以贫困乡村地区发展带动贫困人口脱贫致富的方式，少数使用个体化的扶贫救济。这四种模式也各有不同的特色、优势以及局限性。

国内旅游扶贫可借鉴的经验总结如下：一是政府机关需要高度关注旅游扶贫工作，加大旅游开发力度，把旅游扶贫作为重心并重视其成效；二是加大对基础扶贫工程的投入，完善基础设施建设，重视环境保护，提高地区的环境承载量和旅游接待能力；三是因地制宜，开发特色扶贫旅游资源，根据实际情况考虑当地特色的民风民俗，发展特色民族旅游项目；四是动员多主体参与，着重引导贫困民众积极地参与旅游扶贫工作；五是积极引进外界力量，使用科学、先进的运营管理理念，发挥旅游产业扶贫的效用，达到脱贫致富和保护生态环境的目的。

三、对西藏旅游扶贫开发的启示

（一）立足本地资源与特色

前文对日本、韩国及南非乡村旅游发展模式进行了论述，一方面，这些国家在发展乡村旅游时都注重立足本地乡村资源与特色发展乡村旅游业；另一方面，乡村旅游相关配套的基础设施建设都比较完善。西藏贫困乡村多数处于农牧地区，国家出台一系列乡村旅游扶贫相关政策并设立旅游专项资金，一些地方政府以此为契机，欲把乡村旅游扶贫当作新一轮启动经济增长的关键，打出了"旅游兴县"的口号。从理论上来说，如果一个地方的旅游业获得很好的发展，那么可以带动餐饮业、农副土特产品加工和包装销售产业、旅游纪念品开发，当地的民俗文化和民间艺术也可以得到挖掘与展现，甚至连当地的房地产业、客运业等都能获得发展，可以达到"旅游业兴、百业兴"的行业带动优势。但是，乡村旅游业作为第三产业，要想获得可持续发展，不仅要有完善的旅游配套基础设施，还要结合乡村本地资源和特色，只有如此才能使得乡村旅游产业链延长，才能发挥乡村地区的优势，我们才能找到一条适合乡村地区发展的新路径，搞活乡村的经济。

（二）变"输血"为"造血"

政府在扶贫过程中只能起到引导作用，贫困人员想要实现脱贫致富，还是要靠自己的智慧和勤劳的双手。在 1986 年以后，我国每年会划拨专项资金进行开发式扶贫，其目的是提高贫困人口的技能水平，实现可持续发展。在开展乡村旅游扶贫工作时，管理者和运营者就发现，单单依附于政府有限的乡村旅游扶贫扶持资金是不能完全解决我国乡村地区的贫困问题。乡村旅游扶贫专项资金主要用于建设乡村旅游业的基础设施，乡村旅游扶贫专项资金更倾向于乡村旅游扶贫项目启动，着重改善贫困乡村旅游市场的开发条件，以便完善乡村旅游业的开发环境，增强贫困乡村发展旅游业的融资能力和造血功能。在韩国的乡村旅游扶贫过程中，韩国政府只会对民泊农庄的运营者进行相应的专业培训以及提供相应的宣传，而不提供相应的资金支持。广东省在乡村旅游扶贫过程中，不仅给予资金支持，还会在人流和信息流上给予帮助，使得该地区在观念、信心、环境、生活方式方面得到很大改变。广东省多方式鼓励投资者，增强他们对乡村旅游资源开发的信心，引导民营资金投入到乡村地区旅游项目中。当前，广东省的乡村旅游扶贫已逐步形成了一个多元化投资体系。根据有关部门的统计，广东省开展乡村旅游扶贫项目以来，对该项目的注入资金达数十亿元，招商引资得到的资金约 900 亿元，有效地解决了广东省不发达乡村区域发展旅游的注资问题，最终也实现了该地区经济的快速发展，西藏贫困乡村可以借鉴这些做法。

（三）变"主导"为"引导"

从国内外乡村旅游的实践情况来看，不管是日本、韩国还是南非，其政府在发展乡村旅游产业过程中，多数时候扮演的都是配角。乡村旅游扶贫开发不同于单纯的扶贫工作，更不同于发展旅游产业，有其对象和目标的特殊性，并且由于贫困乡村地区的条件不同，开展乡村旅游扶贫开发项目过程中可能出现市场失灵的现象。因此，在乡村旅游扶贫开发过程中我们需要确定政府的特殊职能与作用，政府出台一些特殊政策及划拨专项资金，用于支持贫困乡村地区发展旅游业，增加居民的收入，以实现贫困人员脱贫致富。但是，要想乡村旅游扶贫开发获得可持续发展，政府在今后的乡村旅游扶贫工作过程中必须转变政府职能，由"政府主导"变为"政府引导（包括示范）""政府辅导（包括派遣专家进行具体指导或培训）"和"政府督导"，并重点体现在宏观规划、政策扶持、组织引导、统筹协调、监督管理等方面。"政府引导""政府辅导"和"政府督导"的乡村旅游扶贫开发是促进乡村旅游扶贫健康、可持续发展的重要前提。西藏在乡村旅游扶贫开发过程中，必须转变政府的职能观念，针对乡村旅游扶贫出台一系列配套的政策，根据需要适当加大财政资金投入，用于发展乡村旅游相应的基础设施建设项目，以便给乡村旅游营造更好的环境，同时也要注意发挥引导作用，乡村旅游的发展要依存于市场运作。

（四）注重旅游服务和管理

事实证明，乡村旅游业的可持续发展不仅离不开乡村贫困人员的参与，还与乡村旅游的服务水平也有直接关系。乡村旅游扶贫最终目的是乡村贫困村民脱贫致富，所以乡村旅游扶贫的实施离不开乡村贫困民众的服务与乡村旅游的管理。另外，乡村贫困人员参与乡村旅游扶贫工作时，我们要从乡村区域的角度分析考量旅游产业的发展情况，通过参与的方式使贫困乡村居民承担乡村旅游扶贫的风险和责任，使他们公平地分享乡村旅游业发展带来的经济、政治、社会、环境等方面的成果，从而促进贫困乡村地区经济社会的可持续发展，最终使得乡村贫困人员脱贫致富。

第五章　西藏旅游扶贫开发的对策

一、政府引导

西藏地形地貌复杂，地广人稀，气候差异性十分显著，必须依靠政府才能完成对贫困地区的旅游扶贫开发。结合乡村振兴战略，推动西藏旅游扶贫开发工作需要因地制宜、因势利导、统筹规划，由政府扮演"家长"角色，充当贫困农牧民与外界沟通的桥梁。同时贫困人口要对政府部门充分信任，有助于推动扶贫开发工作进程。

（一）坚持正确指导思想

西藏旅游扶贫开发要坚持正确的指导思想，以习近平新时代中国特色社会主义思想为指导，以乡村振兴战略为指引，不断践行"创新、协调、绿色、开放、共享"发展理念，这是推动西藏旅游扶贫开发的新思路和发展方向。西藏旅游扶贫应结合本地实际，科学开发旅游资源，努力发展低碳、绿色、环保的新型旅游产业。在规划指引下，西藏通过开发旅游产业进行扶贫进程中应实施各项举措，有意识地营造旅游环境氛围，为旅游开发提供政策指引和支撑，带动社会经济全面振兴。政府自始至终都要扮演好这一重要的角色，约束旅游从业主体的不规范、不文明行为，为推动当地经济发展和促进扶贫开发注入新的活力。同时，政府要对旅游扶贫开发做好事前调研和规划，不违背当地的民俗、民风，不影响当地农牧民的正常生活，进一步规范和引导旅游市场健康发展，发挥政府在旅游规划上的战略定位作用，争取最大限度利用和开发好区内旅游资源，不断推出特色旅游新产品，从不同角度和各个层次满足不同游客的精神需求，并做到与周边地区的旅游产品形成优势互补，发挥扶贫开发的协同效应。

（二）打破区域位置束缚

按照循环理论，西藏旅游扶贫开发要打破区域位置束缚，形成的旅游产业要向多方面渗透和延伸，即由旺盛旅游需求并具备投资实力的一方向具有优质旅游资源而无力开发一方输入资本，这种旅游投资和消费能够促使当地旅游资源被开发利用，并不断优化旅游扶贫开发的地域环境，从而促进西藏贫困地区经济社会不断发展，这是一个不断循环过程。目前，西藏旅游市场在资源配置过程中存在自发性、盲目性等缺陷，应坚持政府主导与市场调节相结合的多元化发展体制，使有限的旅游资源得到科学配置。市场运作是基础，政府引导是关键，西藏要勇于打破区域位置限制。这是市场经济条件下推动西藏旅游扶贫开发可持续发展的有效保证。西藏要进一步加大对外开放力度，给予游客高质量的旅游体验，真正把西藏打造成世界旅游目的地。

（三）鼓励农牧民积极参与

在旅游扶贫开发的过程中，西藏要调动当地农牧民积极性和统筹兼顾其相关利益，鼓励他们全程参与，以村组为单位参与旅游开发、经营、管理的全部活动中。西藏要对当地农牧民进行正确引导，鼓励他们开办家庭旅馆、农家乐、小型旅行社和生产有当地特色的旅游纪念品，采取"政府+旅游企业+村组集体+农牧民"的经营模式进行旅游扶贫开发，正确处理和协调好旅游企业、村组集体与农牧民在当地旅游扶贫开发中的各种利益纠纷和矛盾问题，做到既要有效开发旅游资源，又能扶持当地农牧民快速增收。这是旅游乘数理论的应用，西藏历来就是一个物资匮乏地区，现代化产业发展体系薄弱，贫困问题比较突出。这就需要立足于当地特色资源，更多地开发自产旅游产品，从而提升旅游乘数效应，达到旅游扶贫开发的目的。因此，我们既要鼓励农牧民之间互惠互补、相互帮助，又要尊重他们的生活习惯和文化习俗。

（四）倡导多元化扶贫主体

除了政府引导外，西藏一些贫困乡村在扶贫开发工作的推动下已逐渐具备自我积累和自我发展的能力，但是仍然缺乏一种持续性和长效性的机制。对此，本书建议如下：一是引入优质旅游投资项目，形成以项目经营者为主体的旅游扶贫开发模式，旨在实现旅游资源与投资资本的有效结合；二是通过政府扶持和农牧民参股入股等形式，形成股份合作制企业法人为主体的扶贫模式，使西藏旅游扶贫开发具有新常态；三是给予一定优惠和激励政策，鼓励专业的旅游公司与扶贫乡村进行"结对子"，实行集中连片旅游扶贫开发，从而发挥聚集带动效应，实现贫困乡村农牧民脱贫致富；四是减少外部不经济现象，全面培育旅游市场体系，政府应逐步完善旅游公共设施建设和规范旅游市场，促使西藏贫困乡村旅游扶贫开发尽快地发展起来。

（五）注重保护生态环境

可持续发展理论要求既要保护好人类赖以生存的生态环境，又要达到社会经济可持续发展的目的，经济、社会、生态是一个密不可分的系统，但是旅游扶贫开发不可避免地会对当地生态环境造成一定破坏。当前，西藏贫困人口主要分布在生态环境脆弱的地区。对此，政府应进行统筹规划和科学管理，生态环境一旦被破坏了就难以恢复。所以，在开发当地旅游资源和经营旅游活动过程中西藏应加强对当地生态环境的保护，同时确保旅游扶贫具有可持续性，保护生态环境也是为了防止贫困人口脱贫后又返贫。另外，生态资源的开发利用要考虑环境的承受能力，不然就会陷入"贫困—过度开发—生态破坏—持续贫困"的恶性循环圈子里，如果生态环境被破坏，该旅游地的吸引力就会逐渐减弱，那些靠旅游开发脱贫致富的贫困人口又会重新回到贫困的状态。所以，西藏在旅游扶贫开发过程中应强调可持续发展原则，注重提升和强化被扶贫地区贫困人口的生态环保意识，增强他们对于旅游生态资源的保护能力，建议如下：一是加大对乡村自然生态环境的保护力度。对于乡村生态旅游景点周边的奇特景观，我们要实施针对性保护措施，登记入册，悬挂标识牌，增加保护围栏，保护大量对农牧业有益的生物，提高农业生态系统生产力，优化乡村旅游生态环境。在兴建基础设施时，我们要注意保护自然景观的风貌，不改变山体、水体的基本面貌。我们要在奇山、险石、悬崖、山谷等山体自然景观的分布区域设定保护区域，分析建设对各个景观的影响。二是加强古村落文化的保护力度，遴选有重要价值的乡村民俗文化和农业文化项目，申报非物质文化遗产，加强宣传，唤醒全社会对传统民间工艺的保护意识，开发具有较强民俗文化特色的旅游项目，延续乡村特色文化。三是减弱旅游开发对于乡村环境的连环效应，加强乡村生活废水的治理力度，鼓励使用风能和太阳能等清洁能源，保护乡村旅游村镇生活环境，合理设置垃圾箱，生活垃圾实行定点收集和分类集中处理。

二、科学规划

按照"和谐、科学、可持续性"的发展原则与要求，结合比较优势理论，西藏旅游扶贫开发需要因地制宜、因势利导和科学规划，必须充分统筹旅游业发展对当地贫困农牧民的惠及程度及实现的旅游乘数效应程度，做到合理开发区域旅游资源，科学规划旅游扶贫具体路径。

（一）拉萨旅游扶贫区

拉萨市是一座具有多年历史的古城，她是西藏旅游资源、旅游基础设施最富集和接待设施最完备的地区，也是藏传佛教的"圣地"。我们可以充分利用拉萨的旅游资源，如以布达拉宫、罗布林卡、大昭寺为代表的世界文化遗产，以楚布寺、色拉寺等为代表的宗教文化景点和以纳木错、唐古拉山、德仲温泉、羊八井地热为代表的自然景观，还有众多的文物古迹等建立的拉萨旅游扶贫区。

拉萨旅游扶贫区应以拉萨市为轴心，以西藏文化为主轴线，完善拉萨环区旅游圈，构建拉萨南北部文化旅游区与自然生态环境旅游区，发掘拉萨所辖一区七县旅游资源，一方面有效策划藏戏、藏族歌舞、藏族手工艺品展演等活动，做到拉萨市非物质文化遗产的保护与传承相结合；另一方面打造"藏地双节"国际节庆品牌，挖掘和整理藏族民俗文化，打造具有青藏高原特色的旅游品牌。同时，我们要改善景区间道路交通状况，改进餐饮服务、信息通信服务和金融服务，不断提高旅游服务水准，形成兼具藏族文化特色与多元文化特色的旅游扶贫区。

（二）山南旅游扶贫区

山南市拥有西藏第一座宫殿（雍布拉康）、第一座剃度僧人出家的寺院（桑耶寺）、第一块农田（索当）、第一座藏王墓（吐蕃时期的旧墓群）、第一座佛堂（昌珠寺）、雅砻河风景名胜区以及绚丽的雅砻文化等。山南是藏文化的发祥地，能够体现藏民族最早文明。因此，山南旅游扶贫开发应以雅砻文化为品牌，以雅砻河风景名胜区观光带为依托，以藏文化起源和兴衰的历史文化为主线，建立以西藏古文明为主题的旅游扶贫开发区。同时，山南发展旅游扶贫具有先天优势，以羊卓雍错为例，羊卓雍错有许多具有神话色彩的传奇故事，不仅景色优美，也是水鸟栖息地，与拉萨、日喀则、林芝相连，交通较为便利，我们应建立旅游网络，进行旅游扶贫联合开发。

（三）林芝旅游扶贫区

林芝市素有"西藏江南"之称，位于西藏东南部，雅鲁藏布江中下游，属于典型的高原丘陵和高山峡谷地貌，地势起伏明显，平均海拔 3 100 米，海拔最低位为 900 米。在林芝可一日游览四季的美景，山头积聚白雪，原始森林繁盛葱郁，景色宜人，气候温暖湿润，有满坡的杜鹃花和众多的珍稀濒危动物，有独特的"西藏江南"旅游资源优势，为旅游扶贫开发奠定了基础。2020 年林芝全市总人口 23.89 万人，总面积 11.7 万平方千米，是一个以藏族为主体的多民族聚居区，除藏族以外，还包括门巴、珞巴、纳西、傈僳、独龙等民族。因此，林芝旅游扶贫区应以雅鲁藏布大峡谷、鲁朗、列山古墓群、巴松湖为品牌，以山水风光为核心，以观光、度假、商务旅游和历史文化、民俗民情等为重点，着力提高旅行社服务、餐饮服务和金融服务水准，改善景区的通信状况，保证旅游专线的畅通。

（四）日喀则旅游扶贫区

日喀则市是西藏第二大城市，位于西藏南部，拥有世界第一高峰——珠穆朗玛峰和被称为"第二敦煌"的萨迦寺等。日喀则有个陆路口岸，与尼泊尔、锡金、不丹等接壤，其独特的地理位置使得西藏与这些国家和地区进行客流输送。同时红河谷、雅江源是科学调研、户外探险者的乐园。这里还建立了珠穆朗玛峰自然保护区。所以，日喀则旅游扶贫区应以珠峰品牌为依托，开辟喜马拉雅山南麓旅游点，积极改善公共卫生设施、通信服务质量，建成以科考、登山探险、生态游等为一体的跨国旅游基地，与国外旅游部门加大合作力度，逐步形成国内外旅游产业扶贫的集结点，实现生态旅游扶贫。

（五）那曲旅游扶贫区

那曲市位于西藏最北部，海拔较高，气候严寒干旱，植被稀少，主要以高寒荒漠草原为主，有许多野生动物，如藏羚羊、野毛驴、黑颈鹤等。那曲拥有国家级自然保护区——羌塘自然保护区和我国第二大咸水湖——色林错。那曲自然风光独特，景观游览价值高，是喜好草原风光、珍禽异兽和爱护环境旅游者的乐园。这里是青藏铁路进入西藏的首站，最适宜在夏季旅游。因此，那曲要充分发挥青藏铁路的便利交通优势，逐步有序地开发旅游资源，建立以藏北羌塘草原风光为主题和以草原风光、珍禽异兽为特色的那曲旅游扶贫开发区，增强其对国内外游客的吸引力。

（六）阿里旅游扶贫区

阿里地区外与印度、尼泊尔等国接壤，内与新疆为邻，位于西藏西部，平均海拔4 500米以上，地区内有圣湖玛旁雍错、神山冈仁波齐峰和颇具宏伟规模的高原古城——古格王国遗址等，形成了以古格王国遗址、扎达土林、神山圣湖为支撑的丰富旅游资源。因此，阿里旅游扶贫区应以历史文化为主题，充分利用普兰口岸和阿里机场的优势，不断发掘阿里地区旅游资源，建立以古格王国遗址建筑考古为主题的旅游扶贫开发区，吸引国内外游客前来观光，全面改善地区内交通状况和卫生设施条件，为推进旅游扶贫开发提供便利条件。

（七）昌都旅游扶贫区

昌都市是西藏新设置的地级市，位于西藏的东部，有"藏东明珠"的美称。昌都地处横断山脉和三江（金沙江、澜沧江、怒江）流域，其山川河流为南北走向，三条大江与三条山脉相间平行分布，其总地势西北部高，东南部低，最高海拔为5 460米，最低海拔为3 100米，平均海拔为3 500米以上。独特的自然地貌和地形结构赋予了昌都雄美壮丽的山谷美景。昌都市位于西藏通往青海、四川、云南的咽喉部位，是川藏和滇藏公路的必经之地，也是茶马古道的重要节点，处于商贸往来的枢纽地位，独特的地理位置使得西藏文化与巴蜀文化相互渗透融合，造就了极具特色的康巴文化。

昌都旅游扶贫区应依托三江流域自然景观、独特的康巴文化等旅游资源，建立以茶马古道游历与红色革命传承体验为主题的旅游扶贫开发区。昌都应依靠贴近四川、云南两个旅游大省的区位优势，立足本地区特色旅游资源，加快与四川、云南旅游产业的对接，使其成为这两个省旅游产业的延展区域，更好融入西南片区大旅游圈。另外，昌都要加快旅游基础设施的建设，不断提高旅游接待能力和服务水平，努力完善旅游产业发展带。昌都应大力发展乡村旅游，依托 318 国道、317 国道、214 国道旅游主线，依靠昌都古镇和芒康古盐田两个旅游中心，辅之然乌湖景区、江达岗托景区、类乌齐景区，大力开展特色乡村建设，引导农牧民积极融入旅游产业链，以达到乡村旅游与扶贫开发的融合发展。

总之，西藏旅游扶贫开发规划要充分利用地区资源优势，围绕"特色、高端、精品、绿色"这一发展主题，以"旅游+"概念为引领，立足当今信息化发展的时代背景，不断推动旅游产业的全面融合与快速发展，将地区旅游资源优势转化为经济扶贫开发优势，不断加强西藏智慧旅游和旅游扶贫示范区建设，有效提高当地农牧民的收入水平，实现贫困人口的脱贫致富。

三、系统开发

西藏旅游扶贫开发是一项复杂、系统的工程，按照可持续发展理论和适应新常态、把握新常态、引领新常态的思路要求，西藏旅游扶贫开发要全面夯实交通设施基础条件，推动旅游上、下游产业同步发展，加强对旅游扶贫开发的有效管理，积极营造旅游扶贫开发的良好环境。

（一）夯实旅游扶贫交通条件

西部大开发为改善西藏交通运输条件创造了历史机遇，自青藏铁路通车后，西藏形成了空陆立体旅游交通网络。目前区内主要以公路为主，连通国外以航空为主，西藏与国内其他地区的交通方式主要是航空、公路和青藏铁路。西藏应重点建设以拉萨为中心的川藏公路、青藏公路、中尼公路、滇藏公路等连通区外的旅游干道，使其成为推动西藏旅游扶贫开发的重要组成部分。打通至日喀则、江孜、山南、林芝、那曲等环拉萨旅游通道，加快建设通往主要景区的旅游公路。西藏应积极鼓励社会上有实力的企业参与旅游车辆经营，按照"政府主导、企业主体、社会参与"的要求，严格准入条件，开辟河道、湖泊等水上运输线，组建与旅游进出通道相对应的全区性三级旅游集散中心，完善拉萨河、雅鲁藏布江岸等渡口设施建设，有效改善水路交通设施基础和全面提高旅游转乘系统效率。

（二）推动特色旅游扶贫延伸

要让旅游、文化、生态和扶贫开发等进行有机融合，西藏就应遵循"大产业、小商品、联合发展"的原则，不断拓宽"旅游+文化+生态+特色"产业链，推动旅游扶贫全面发展。一是依托特色资源优势，加快旅游市场与特色产品体系建设，积极引导和扶持极具地方特色的旅游产品开发（见表5-1），重点建设民族饰品、面具、唐卡、藏药等旅游副产品生产基地，大面积增加"西藏制造"系列旅游副产品加工制造的市场份额，让游客消费支出在西藏贫困农牧民收入中占有一定比例；二是促进西藏文化产业与旅游产业深度融合，不断挖掘文化资源潜力，在"行、游、购、食、住、娱"等环节体现西藏文化特色，推动西藏旅游扶贫开发全面发展。

表 5-1 西藏旅游扶贫开发产品体系

产品层次	消费群体	产品系列	产品构成
基础旅游扶贫产品	大众客源	大众观光旅游产品	自然观光旅游
			名胜古迹观光旅游
			城市观光旅游
		交通观光旅游产品	空中观光旅游
			铁路观光旅游
			公路观光旅游
			水上观光旅游
		生态旅游产品	高山生态旅游
			峡谷森林生态旅游
			湖泊湿地生态旅游
			草原生态旅游
			野生动植物生态旅游
核心旅游扶贫产品	中高端客源	文化体验旅游产品	历史文化体验旅游
			民俗风情体验旅游
			宗教旅游
	特殊需要群体	特种旅游产品	登山探险旅游
			科学考察旅游
			极限运动旅游
			自驾车旅游
拓展旅游产品	中高端客源	会议/度假旅游产品	商务会议旅游
		跨境/边境旅游产品	休闲度假旅游

（三）提高旅游扶贫服务水平

西藏旅游扶贫开发亟待提升品位、扩大规模和加强服务，一是模式化旅游市场运营，全方位推进旅行社等级评分制度，严管新晋旅行社市场准入规格，升级经济成分参与，开展分块指示与科学管理，倡导规模化、公司化、特色化发展，以带动贫困农牧民参与经营的积极性；二是依照《旅行社管理条例》

和《西藏自治区旅游管理条例》等相关法规文件，不断提高旅行社服务水平与产品质量，进一步规范旅游经营秩序，加大行业协会引导力度，打击非法经营行为，确保旅游扶贫开发有序推进；三是坚持政府引导、农牧民为主体、社会参与、市场调控的原则，实行人性化、效应化、智能化带动，不断优化所有制结构和推动旅游扶贫的主题化、特色化和品牌化发展，保障旅游扶贫开发实效，加强西藏扶贫开发部门与国土、银行、公安、通信、民航、铁路、质检、安检、邮政、气象、旅游、文化、医疗、环保等相关部门之间的相互协作，加大统筹协调力度，为西藏旅游扶贫工作创造有利条件。

（四）积极营造旅游扶贫环境

西藏应采用市场运作与政府牵头相结合的旅游宣传方式，积极寻找旅游客源市场，加大旅游促销力度，借助周边热点景区（景点）对贫困地区旅游的影响力，发挥旅游扶贫联动效应，尽早解决贫困地区缺少市场（游客）或者市场发育不良现状，全面扩大地区旅游扶贫整体影响力。同时，西藏要针对性地策划和组织一些如民族文化节等有关旅游扶贫主题活动，邀请媒体进行专题报道。西藏可以组织不同形式的旅游产品交易会，引导本地旅游扶贫经营活动主体积极参与，使西藏旅游扶贫开发形成良好环境氛围，让旅游者真正获得良好的体验，使其感受到这是一项积德行善、献爱心和惠民生的爱心扶贫工程，让当地贫困农牧民得到实惠，从旅游扶贫开发中获益。

四、突出重点

（一）强化策略

西藏乡村旅游扶贫产业的强化策略如下：

一是加强整体规划和积极入市机制，支持并鼓励农牧民及其他主体加入开发并建设乡村旅游产业，引进多样化运营管理模式，促使外部资源在乡村旅游产业发展中发挥效用。

二是依据合理的规划、严格的保护、科学的开发、规模的经营、延续性使用的各项标准，科学地协调好开发自然资源和保护自然生态、市场与公众利益、当今收益与未来效益等关系，促使乡村旅游产业合理长久地发展。

三是与现实相联系，挖掘乡村的自然资源和民族风俗潜力，重点表现乡村的民俗、自然风光等旅游资源，把林区、沙漠、湿地等生态风光与文化相融合，为乡村旅游产业吸引更多的游客。

四是贯彻旅游产业的大发展概念，大力结合农牧区的旅游产业文化优势，整合差别，弥补短板，综合开发，形成效力完整、项目多元的成熟的旅游模式，进一步促进乡村旅游产业的开发。

五是主动学习国内外先进的旅游产业开发新观点、新方式、新制度，创新旅游产业开发体制和运营模式，健全资金投入机制与分发制度，提升农牧民和旅游产业运营管理者的主动创造性，扩大乡村旅游产业的规模，从而增加经济效益。

六是优先开发前景好、地理位置好、文化特色较突出的乡村旅游产业项目，抓紧建设模范乡村旅游产业优质片区，使其成为西藏乡村旅游产业的代表，将名声打响，从而带动旅游产业的整体发展。

（二）实施举措

1. 丰富乡村旅游产品体系

西藏应结合地域优势、特色资源和消费者实际需求，探索文化深层次内容，体现乡村优势，发展一系列多元形式的乡村旅游产品，完善乡村旅游产品体制，重点开发 6 项优势乡村旅游产品。

一是着力培育乡村观光产品。西藏应继续优化乡村观光产品，进一步提升农家乐、牧家乐、休闲农庄等休闲娱乐产品的发展水平，注重规模与集约经营，培育一批高品位、多功能、多元化"农家乐、牧家乐"专业村和休闲娱乐型农业园区，引导发展成片种植的农牧业观光带，推出农牧区观光游项目。

二是着力培育乡村度假产品。西藏应大力开发乡村休闲度假目的地，以乡村度假旅游实验区为典型，提升现有乡村度假产品的硬件设施和服务水平，积极建设一批旅游型村镇，打造一批乡村度假示范区，满足不同层次的休闲度假需求。

三是着力培育乡村慢游产品。西藏应探索发展乡村慢游产品，强调健康、可持续的旅游方式，引导游客回归自然，在山水之中获得快乐，以健康的形态过慢悠的生活，从而增强旅游产品对游客的吸引力。

四是着力培育创意体验产品。体验式农家产业园、休闲观光农业产业园、食品制作参观园、民俗艺术表演园，提供采摘、种养、加工制作等乡村文化与生态创意体验产品，丰富乡村旅游产品。

五是着力培育乡村普及科教知识产品。西藏可以设立农业自然现代科学教育基地、农业知识普及基地、动植物标本展示园、自然科教间等乡村旅游产业建设项目，针对众多旅客展开相关的生态环境保护科学普及与知识传输活动，体现科教普及效能，促进乡村旅游产业复合概念的打造。

六是着力培育乡村美食养生产品。西藏应以各地无公害蔬果、特产和农村特色美食为着力点，利用当地地质条件，就地取材，采用当地生长的蔬菜，原生态烹煮，按照当地饮食习惯，推出独具风格的品牌藏家乡村菜系类别。

2. 建设乡村旅游产业

西藏应进一步加大建设农村娱乐产业和乡村旅游产业模范区（县）、国家著名独特旅游观光区、乡村统一旅游景区的力度，形成完备的西藏乡村旅游目的地体系。

一是打造休闲农业与乡村旅游示范县（点）工程。西藏应根据当地旅游资源状况、旅游发展基础、交通可达状况和开发潜力条件，结合藏东、藏中、藏西等地旅游资源，遴选农业娱乐产业和乡村旅游模范区域，着重开发旅游资源，打造优质品牌，进行精准定位，开展重点衍生品研发工作。

二是强化特色旅游景观名镇村建设工程。以具有地方特色、悠久历史文化及重要旅游开发价值的城镇村落为依托，注重完善旅游配套设施和功能，提高服务质量，打造生态旅游型城镇村落。

3. 创新乡村旅游发展模式

结合西藏区情及基础条件，重点创新和确立七种发展模式。

（1）古村镇型。依托那曲、日喀则等农牧区和古老乡村民俗特色的民族氛围，发展具有古老藏族风韵的古村镇。

（2）现代农业型。着重将拉萨科技生态农业园区作为核心支点，使普通农业产业生产与目前较热门的旅游产业互相联动，以农作物种植为主，附加游客娱乐、休闲等产业开发。另外，大力加强对于升级产品、营销渠道、政府政策优惠等几个要点的关注度。

（3）民俗风情型。以风俗风情资源为依托，打造藏族风情村寨和风貌乡村，打造拥有藏族风情的特色民俗类型农村旅游招牌。

（4）依托景区型。以重点景区为依托，整合景区内外村落资源，围绕景区旅游资源特点，完善旅游休闲类产品提高服务质量。

（5）新农村建设型。以加强新农村建设为契机，将新农村建设与发展乡村旅游相结合，注意生态文化内涵，加快推进生态文化旅游型新农村建设，建成一批各具地域特色的新农村建设型乡村旅游点。

（6）创意农业型。建立休闲创意农庄、农村创新区、居民庄园等，开展农村特色游、乡村民俗风情互动游等活动，让旅客参与农业、牧业的劳动，领略西藏乡村风土人情。

4. 改善乡村旅游基础设施

一是改善交通基础设施。促使城市公交延长至附近农村，也可直达市区附近的各个郊区景点区域。改善直达道路，设计并铺设带有民族特色的农村公路，完善景点标识、交通标识、安全路段警示标识、公路牌与公路标、景区安防保障系统等。

二是改善旅游基础设施。把发展乡村旅游纳入社会主义新农村建设、现代农牧业和旅游产业建设的整体布局，改善乡村旅游景区（点）的电力供应、水力供应、信息通信、防火以及科教、卫生医疗条件，大力增建乡村风味饮食餐馆、民宿、商场等一系列相关的旅游基础配套设施，提高农村旅游各景区（点）游客活动的安全保障性、舒适娱乐性。

三是整治乡村旅游环境。加大乡村村貌的管理，促进乡村旅游区环保化、亮点化、规范化。保护农区、牧区自然环境，提倡绿色乡村开发观念，普及无公害垃圾转化手段，进行回收垃圾的按类整理、按期汇集处置。开展乡村居民饮水安全建设项目，完善乡村日常废水处置系统。促进环保型太阳产能、生物产能、风力产能、地热产能等在乡村的推广和应用。

5. 健全农村旅游配套服务

一是健全旅客入住基础设施建设。遵循因地制宜、分类分档的相应原则，支持农民兴建农家乐、乡村休闲公寓、旅游农庄、度假山庄、商务乡村会所以及乡村外宿营地等，以满足赴农村游玩旅客的个性化入住要求。

二是健全饮食的相应服务。着重表现当地饮食特点，开办民俗特色产品展览、著名小吃节、厨艺比赛等系列活动；向游客提供带有当地风情和民族韵味的民俗菜肴、土特产，以满足游客用餐需要。建设乡村旅游餐饮体系，形成农家乐餐饮、牧家乐餐饮、特色主题餐饮、路边风味餐饮、餐饮风味街区等形式多样、档次各异的乡村旅游餐饮服务体系。

三是健全休闲娱乐设施。升级各种休闲服务，开展牧羊、耕地等农村休闲体验活动，开展攀登、玩水、观光等休闲旅游活动；深挖民族特色文化，加大对民间文化进行提纯的力度，创造出拥有藏地风俗、颇具旅游价值、旅客们喜闻乐见的休闲体验活动；建立专门的表演舞台，推出具有地方特色的娱乐演出剧目，满足游客的文化娱乐需求。

6. 发展乡村旅游商品

一是支持旅游商品研发工作，扩大旅游商品生产。结合农民牧民自产自销的生产方式，培养有发展动力、发展前景的农户作坊。采用"帮扶企业＋农民生产运营"模式，在公司开发、研究技术、广告宣传、产品售后、快递等予以支持和指导。着重研发具有农家特色、民族特色的旅游产品。

二是着重打造旅游产品外观形象。进一步找寻藏族特色韵味，融美观、功能、定制化等元素于旅游产品的外观中，加强农村旅游产品制作者的产品意识，支持制作公司进行商标、专利等无形资产的注册，着重深挖民俗文化内涵，做好相关文化产品的传播和推广，主要强调产品的"真实""原生""纯质"功能，大力宣传产品。

三是完善旅游产品销售体系。进一步扩展向外销售渠道，将产品放入庄园、农牧场，农民个体户也可自行销售，同时与市集、景点销售处、商场等捆绑关联，扩大商品的市场占有率。

7. 强化乡村旅游宣传推广

一是落实藏族农村旅游形象的塑造和宣传。打造"秀美乡村，风景独好"的藏区农村关键点系列区块，增强侧方位传播，以奇引人，结合恰当时间大力宣扬，形成较强的吸引力和号召力，进而变成热点旅游项目。

二是实施精品线路捆绑促销。将农村重点旅行景区放入藏区旅行专属路线，结合农村旅行景点，用众多亮点服务吸引游客，用多样化架构补充地区上的有关旅游产业体系的不足。

三是加强民族节日影响力。使用民族节日活动吸引游客，并衍生出附加节日、主题项目，将范围和影响力度较小并相对不那么集中的小型节日关联并结合，创造出具有传播力度的知名度高的节日项目。

四是加大公关推广力度。聘请专业人士规划大型项目，使旅游产品能够爆发出较强影响力。加大商业宣传力度，联合旅线，将藏区风情农村旅游产品放进各旅行社的计划中。采用影片、图书、艺术表演等形式宣传旅游产品，扩大西藏农村旅游产品的影响力。

五、加强保障

循环理论告诉我们推动旅游扶贫开发是一项长效系统工程。所以，西藏旅游扶贫开发需要从参与机制、加强教育培训、促进信息交流、协调利益分配和强化扶贫观念等方面着手，真正帮助贫困农牧民从根本上实现脱贫致富。

（一）建立参与机制

贫困地区的农牧民在旅游扶贫开发过程中若获得了较大收益，其参与旅游扶贫开发的激情会很高，这是一种有效的参与机制。一是在旅游扶贫开发之前，当地政府扶贫办要因地制宜、科学规划，与有关单位沟通，精准把握本地自然资源情况和贫困群众区位布局，筛选旅游扶贫开发项目和制订有效的参与机制，让当地贫困人口都能够全面融入旅游扶贫开发中；二是在旅游扶贫开发实施过程中政府适当加大对贫困集中地区的政策倾斜力度，给予特殊的优惠照顾和建立防"返贫"机制；三是政府通过网络、电话、信访等多种形式建立扶贫开发信息"互通"机制，与当地贫困农牧民及时进行信息沟通，使得贫困人口全面了解政府旅游扶贫政策，使政策能够如实反映旅游扶贫开发需求，增强扶贫开发实施效果和参与开发的人们的积极性、主动性。

西藏旅游扶贫开发参与机制图见图 5-1。

图 5-1　西藏旅游扶贫开发参与机制图

（二）加强教育培训

贫困地区农牧民受到多种因素的限制，大多数农牧民只能从事简单的生产劳动，其知识储备不足导致收入水平不高，生产生活方式相对初级，行为观念相对落后，这主要源于他们得不到较好的教育机会。实施旅游扶贫开发就要从本质上改变贫困人口获取财富的方式，让他们从根本上摆脱贫穷落后，我们需要解放贫困人口的思想让他们不断学习新知识、新技术。按照"培训一人、就业一人、脱贫一家"的扶贫工作思路，全区上下应完善扶贫教育培训机制，结合乡村振兴战略和社会主义新农村建设，建立定点定期职业技能培训机制，将"送旅游培训下乡"等活动纳入培训内容之中，鼓励农牧民参加旅游经营方面的培训，增加其受教育培训的机会，全面提高农牧民的科学文化素质，主要举措包括举办相关讲座和开展实用技术培训等，让农牧民清楚地知道旅游扶贫开发是一项强基惠民工程。旅游扶贫开发能够提供很多就业机会，有利于实现广大农牧民的增收。

（三）促进信息交流

因交通不便和信息阻塞，贫困地区经济发展基础薄弱和发展水平落后，在 21 世纪的信息化时代里，信息无处不在、无处不存，毫无疑问信息已成为促进地区经济腾飞的关键因素，信息有助于人们觅得更大商机。为了帮助西藏贫困人口创建良好的信息沟通交流平台，使其寻找准确的发展道路和早日实现脱贫致富。西藏实施"互联网+"旅游扶贫攻坚战略，及时、有效地传播扶贫信息资源，加速西藏旅游扶贫开发的信息化和网络化建设，推动"西藏网上旅游扶贫开发计划"，大力推动"西藏旅游扶贫信息化工程"，在更广的领域和更深的程度上通过国家支持、地方努力、部门援助和企业参与等多种途径，不断挖掘和提升西藏旅游资源开发能力，实现西藏旅游资源的网上整合。

（四）协调利润分发

合理高效的利润分发体系可以保护贫困群众的相关利益，藏区的旅游精准扶贫工作要能够充分为贫困人口所分享，这是社会和谐与稳定的重要前提。在西藏旅游扶贫开发过程中我们可以允许小额投融资平台和贫困人口通过技术、劳动力、财产等形式投资入股而获取相应经济收益，并设定最低分红比例，同时保证旅游开发企业和景区管理者占有一定比例的股权，这样不但可以协调利益分配，而且还可以调动各方面的积极性。农牧民拥有脱贫致富的长效动因，能够使扶贫开发项目与农牧民收益相联，产生了良好的辐射作用与联动效应，加速了农牧民实现脱贫致富的速度。

（五）强化扶贫观念

"治穷先治愚"，观念是行为的指导，需要明确"救济"可救一时贫，却不能救一世贫的道理。落后的思想观念若不改变，我们就不可能取得持续性的扶贫效益。因此，我们要通过大力宣传进一步解放西藏贫困人口的思想认识，增强其脱贫致富的主体感和责任意识，全面加深贫困人口对自己所处贫困环境的认识，让其主动接受新思想、新观念、新知识、新技术，有计划、有目标、有组织地参与到各种扶贫开发项目中去，彻底摈弃各种依赖思想和消极态度，让其充分认识到扶贫开发首先是"观念扶贫"。同时，在旅游扶贫开发中我们需要不断实践乡村振兴战略，真正体会其思想内涵，发动群众开阔思路和集思广益，充分利用西藏清新的空气、独特的自然风貌和淳朴的民俗民风来凝结西藏旅游扶贫开发优势，做到共创旅游扶贫特色和与周边地区的旅游产品开发形成互补，使贫困地区的旅游资源能够源源不断地被开发利用。

（六）加大投入保障

西藏要加大对于乡村旅游扶贫项目的投入力度，一是完全使用贫困扶持、环境保护、乡村设施规划、技能训练等专业扶持举措，将新乡村专项建设基金、发展农业产业基金、发展农村产业基金、中型小型私企发展基金、发展旅游服务行业专门基金、农村道路基建基金、关联贫困扶持基金等，根据农村旅游产业专项规划，依照管理单位不变、资金性能不变、管理方式不变的准则，集合整理资金，引导投入；二是建设农村旅游产业发展信贷担保体系，加强针对农民、林牧区员工运营农村旅游产业专项的扶持程度，按照国家小额担保贷款政策给予贴息，建立健全融资担保体系，支持信贷机构针对农村旅游产业开展贷款扶持，适度加强下放贷款范围及下降旅游私企信贷批准条件，经过下放惠农卡、高额农民信贷、农户日常运营信贷和流动性金额信贷等模式，帮扶农村旅游产业标杆公司进行运营；三是建设农村旅游产业开发的多样化人才组织，加强培训教育，力求建立一支管理严格、经营高效的农村旅游产业高管人才队伍，形成乡村旅游人才培训部门协作机制，加强旅游师资，培训管理人员，重点培训乡村旅游发展带头人、经营户和专业技术人员，切实提高乡村旅游从业人员技能。

（七）完善监督管理

一是严格执行《中华人民共和国旅游法》，实施依法治旅，保护旅游者的合法权益，维护西藏旅游市场秩序，规范旅游市场主体行为，营造一个"公开、公平、公正"的旅游扶贫开发市场氛围；二是严格控制旅游扶贫资金分配和流向，明确旅游扶贫开发市场主体，强化各利益主体权责关系，严厉打击徇私舞弊和假公济私等违法乱纪现象；三是加强旅游行业管理，建设旅游产业信用系统，辅以社会公众监督，保证贫困区域的贫困民众基本获益，号召当地贫困农牧民等各界社会团体进行全面监督；四是建立全方位旅游扶贫保障制度，做到"旅游扶贫"开发与"财政救济"保障相结合，实现既要"授人以鱼"，也要"授人以渔"，加快西藏贫困地区脱贫致富的步伐。

第二篇
西藏产业富民

第六章 产业富民概述

一、产业富民的含义

产业归结为从事相同或相似产品、服务生产企业及其相关机构的经济活动所构成的集合，这个集合可以是生产活动或企业集合，也可以是相同或可替代产品（或服务）集合。一般来说，产业发展必然会带来劳动者增收，产业具有现实可用性，不同的产业类别、所有制结构、产业发展模式、产业发展规模、产业发展阶段和产业政策等均会影响劳动者的增收能力。

产业富民就是根据各地区自身条件优势，在坚持政府主导、市场引导、社会参与的前提下，以产业集中化、规模化、效益化发展为基本准则，分层次、分领域、分地区、分行业明确职责任务，积极引导广大农牧民群众积极参与，实施差异化和特色化发展战略，在产业布局、政策制定、项目安排和人力资源开发等方面以贫困地区、贫困乡村、贫困群众为主，带动全民增收致富。产业富民依托市场多元化需求进行产业定位，以市场需求为导向，谋划产业长远发展，实现产业富民效应，并形成区域联合发展与扶贫攻坚合力。同时，产业富民要走生态化建设的路子，要把加快产业发展同高效利用资源、有效保护生态环境等有机地结合起来。因此，产业富民应遵循生态经济发展模式，全面推广低碳、绿色的社会生产、生活方式，实现经济发展低碳化、绿色化、生态化、常态化，加大节能减排降耗力度，实现经济、社会、环境、资源的协调和谐与可持续发展，其具有以下四个方面的特征。

（1）具有区域比较优势。产业富民应该立足当地资源优势和经济社会发展基础，充分考虑本区域的位置、资源、资金、技术、信息、人才、市场等多方面的综合因素，以本区域的资源禀赋条件为支撑点，因地制宜、因势利导，发展具有优势和特色的支柱产业，使支柱产业符合社会经济发展趋势。

（2）具有明显增收效果。产业富民的目的是通过产业发展全面带动广大贫困农牧民尽快脱贫致富，并具有长效保障机制，我们选择的富民产业要能提供大量就业岗位和较大程度地吸纳闲散剩余劳动力，并发挥增收致富带动作用，其增收效果是衡量产业富民发展的核心指标之一。因此，产业发展所提供的岗位应该是绝大多数普通劳动者所能够胜任，并通过产业发展能够带动劳动者普遍增收，最终达到区域经济社会协调和谐与可持续发展。

（3）具有良好发展基础。产业富民应该立足一定的产业基础和发展规模，能够结合当地经济社会发展现状，其产业链是正在培育或是已基本成型，与当地经济社会发展趋势能够有效融合，并遵循城乡居民的共同发展意愿，具有一定的产业技术支撑。其在生产基地建设、产业组织体系建设和产品市场体系建设等方面均有一定程度的发展，一般是群众生产经验丰富、增收认可度普遍较高、推动发展意愿强，以及与当前扶贫关联度较高的产业。

（4）具有可持续性特点。产业发展对于促进农民增收和实现经济社会和谐发展具有可持续性作用，这些产业不但增收效果明显，而且对于生态环境的破坏小，符合市场经济发展规律。这些产业具有较大的市场发展潜力和准确的产品需求定位，其产品生产生命周期较长，短期内不会被其他产品替代，并能形成产业发展的核心竞争力与生命力，在满足广大城乡居民物质需求的同时，使其精神文化生活也能够得到一定程度上的满足。

富民产业选择的是那些具有相对差异化或绝对差异化的产业，一般表现为明显的区位优势和资源禀赋优势，往往体现特定区域的比较优势，其最重要的特征就是具有广阔的发展空间和市场前景，同时也具有吸纳就业能力强、增长潜力大、经济效益好、资源消耗低、环境污染少、辐射带动力强等特征。从空间布局上看，富民产业的选择应当依托当地经济发展基础和资源要素禀赋，发展那些具有比较优势的特色产业。从产业的带动能力上看，作为推动农民发展的产业，必须要形成产业关联度、感应度和影响度，是一个关联度很高的产业集群。从组织实体上看，应大力发展市场灵活度高、创新性强，并能够活跃城乡经济和吸纳大量就业岗位的非公有制经济或民营企业等经济实体。

二、西藏产业富民的意义

1. 必要性

贫困问题一直是困扰社会和谐与经济发展的难题，日前世界各地都在致力推进扶贫工作，包括许多国际组织和机构都在支持不同类型的扶贫项目，如联合国环境规划署、世界银行、世界自然基金会等都在大力创新各种扶贫方式。与此同时，发展中国家也在积极争取外汇资金扶持和各种项目援助，其已普遍认识到扶贫工作的重要性和迫切性，探讨如何防止"返贫"

和建立可持续发展问题的策略等。产业富民作为一种新型脱贫致富的有效方式，能够将产业发展转化为致富的动力源泉，这是一种重要的增收保障。在西藏大力推动产业富民发展是西藏经济社会发展的根本要求，也是全区各族人民的强烈愿望，其具有特定的历史任务和时代背景，是着眼于全面建设小康社会目标而提出的。产业富民重在将促进产业发展与带动当地贫困群众脱贫致富有机地联系起来，讲求的是以人为本、全面增收致富、助民步入小康社会。这里的"富"主要指直奔小康社会目标，"民"是指要为广大普通的劳动者（包括广大贫困人口）服务，要求通过产业发展带动各族人民尽快富起来，并具有长效性。产业富民就是全面贯彻落实科学发展观的具体实践，符合习近平新时代中国特色社会主义思想要求，体现了经济社会发展的根本目的。

从产业富民的内涵来讲，就是要培育和发展一些能够尽快带动广大贫困群众实现脱贫增收致富的产业，并具有产业发展的延续性和辐射性。该产业应当具有较强的就业吸纳能力，能够提供大量的就业机会，获得充足的就业机会才是贫困群众参与社会收入分配的重要前提，这样的产业才能充当富民产业，它将使得更多的劳动群众有增收致富的保障和来源。如果没有富民产业，就不能提供较多的就业机会，实现收入分配公平对广大贫困群众而言也就无从谈起。随着社会主义市场经济的发展，当前人们获得收入的来源包括投资、转移性支付、财产性收入等多种途径，虽然收入分配基本是在社会生产要素配置的基础上产生，但以劳动换取收入仍是当前最为重要和最为普遍的分配方式。因此，首先，我们应当提供给贫困人口更多的就业机会，结合西藏实际区情和劳动力资源基础，大力发展劳动密集型产业，使产业成为多数人最主要的收入来源；其次，产业富民的技术门槛不应太高，在西藏这样经济社会发展较为落后的现实条件下，技术可以使更多的普通劳动者在产业发展中直接获益并成为推动产业富民发展的主体。同时产业富民的组织形式应该灵活多样和具有自主性，应尊重广大群众的意愿，以便调动起广大劳动者的积极性和主动性，使人民通过自由选择进入产业和积极参与经营管理活动；最后，该产业应能够不断发展壮大，具有增收的潜力及实现创收的空间，其在短时期内不会被市场经济所淘汰，而是具有一定市场竞争力和产业生命周期。

2. 现实意义

改革开放 40 多年来，西藏社会经济发展保持了较快的增长速度，当前正处在社会经济发展的重要转型期和脱贫致富攻坚期，民生问题备受关注。随着国民收入的不断提高，人民生活水平也相应得到同步提升，但是居民的收入增长主要源于当地传统的社会生产方式，加之西藏地貌复杂多样、气候寒冷、生态脆弱，山地、高原、平川、河谷、戈壁交错分布，受地理位置、产业基础、气候条件和历史因素等影响，其经济发展总体水平总是落后于全国其他各省区。目前，西藏同东中部及西部其他地区相比仍存在较大发展差距，其落后的交通和复杂多变的气候地貌等不利于农牧业经济发展，在这样的区域位置和现实条件下，西藏产业经济基础薄弱，社会发展水平落后，人民收入来源保障性不足，呈现产业结构单一、经济基础薄弱、产业培育滞后、群众增收缓慢、贫困问题突出等现象，加之落后封闭的思想观念的长期束缚，其贫困的广度和深度更为突出。因此，在当今国家大力实施"西部大开发"战略和"一带一路"倡议的指引下，西藏全区上下应紧跟时代发展步伐，积极转变思想观念，抓住机遇和鼓足干劲，全面推动产业富民工程发展，产业富民对于建设和谐、美丽的西藏具有重要的现实意义。

一是提高全区城乡居民收入水平。从西藏经济社会发展现状来看,自然环境恶劣,基础设施薄弱,社会发育程度低,生产方式落后,贫困人口多,脱贫任务重,教育、文化、医疗、卫生条件差,等等,无论是城镇居民还是农牧民群体,其当前收入水平和消费水平均落后于东中部地区和西部地区平均水平,贫困问题已经成为全面建设小康社会最难以攻陷的堡垒。因此,推进产业富民发展,不仅是西藏经济社会发展的内在要求,也是全区各族人民全面建设小康社会的客观需求,产业富民是提高西藏人民生活水平和加快西藏社会主义现代化建设步伐的必要举措。在实施国家"西部大开发"战略和全面推进"一带一路"倡议的重要时期,推动产业富民发展是实现西藏经济社会跨越式发展和全面建成小康社会目标的主要内容,对于兴边、富民、强国、睦邻等具有非常重要的战略意义。

二是推动党的民族政策全面落实。产业富民发展有助于加强对西藏产业发展基础和现状进行分析,能够筛选一批就业集中度高、增收潜力大、经济效益好、辐射带动强的新兴支柱产业和战略支撑产业,并通过对这些产业进行有针对性的扶持,能够增强西藏经济社会发展实力,不断改善西藏产业经济发展环境,夯实农牧民脱贫致富增收的基础,进而投入到产业可持续发展中去,有利于提升西藏产业发展活力和动力,赢得更多的投资和创业机会,使西藏更加繁荣、和谐、稳定和富裕。这是党的民族政策在西藏全面贯彻与落实的结果。历年来,党中央、国务院一直高度重视西藏的经济与社会发展问题,把"共同艰苦奋斗、共同繁荣发展"作为推动西藏经济社会发展的主旋律,要求全面加快民族地区发展步伐,遵循平等、团结、互助、和谐的社会主义民族关系,使民族地区发展步入快车道。2005年5月31日《国务院实施<中华人民共和国民族区域自治法>若干规定》颁布实施,可以看出,加快民族地区的发展是党的民族政策的基本出发点和归属点，其中第十四条规定"国家将边境地区建设纳入经济和社会发展规划，帮助民族自治地方加快边境地区建设，推进兴边富民行动，促进边境地区与内地的协调发展。"在西藏推进产业富民发展与该规定相吻合，也充分说明了"治国必稳边，稳边必兴藏"就是我国社会主义事业的本质要求在民族工作上的一种体现。

三是促进西部大开发战略发展。产业富民对于西部大开发而言，能够起到拾遗补缺的辅助作用，通过比较分析，我们找出当前的产业优势和劣势，理性定位当前的发展环境和市场前景，以供给侧结构性改革思路为导向，不断补齐短板和积极挖掘现有资源优势，使民族地区产业结构全面优化升级，特色优势产业能够积极发挥作用。因此，产业富民行动能够科学定位区域资源优势，因地制宜，因势利导，发展具有当地绝对优势和比较优势的特、优势产业。产业富民是一个实实在在促进生产力发展和实现强区富民的产业活动，能够加快西部大开发步伐，并以加快民族地区经济建设和社会发展为着眼点，在政府引导和市场推动下，全区各族人民群众自力更生、艰苦奋斗，以及全社会的广泛参与积极支持，使得民族地区的基础设施和环境建设得到明显改善，经济、社会、文化事业全面进步，贫困群众能够早日富裕起来，地区经济早日发达起来。这是一个奠定了强区富民战略的基础，也是实现强国、富民、兴边、睦邻的有效路径。

四是形成西藏强区富民内动力。在当前各种"援藏"政策的效应作用推动下，西藏经济社会发展和贫困人口增收致富取得了一定成效，其对于改善西藏基础设施条件和打赢扶贫攻坚战发挥了积极作用，但是当前各种"援藏"工作具有时效性和历史阶段性，它只是一种暂时的"外动力"，能否就因此形成一种长效机制，以推动西藏经济社会可持续发展呢？这需要从长计议和从根本上解决问题，最为重要的还是要建立一种强区富民的"内动力"，这需要结合西藏各地自然资源基础和生态环境条件，因地制宜，因势利导，发展特色、优势产业，实现主导产业发展与贫困人口脱贫致富相结合，不断夯实产业发展基础，走"特色+优势＝竞争力"的路子，实施"支柱产业+主导产业+战略支撑产业＝产业集群体系"的举措，建立"互联网+产业＝新发展"的模式，这是推动西藏经济社会和谐稳定与可持续发展的一种"内动力"，也是实现"强区富民"发展的一种长效机制与战略目标。

第七章 西藏产业发展现状及富民成效分析

一、产业发展现状

在党中央、国务院的亲切关怀和全国人民的大力支援下，在西藏自治区党委的坚强领导下，全区上下高举习近平新时代中国特色社会主义思想伟大旗帜，认真学习贯彻党的十八大、十九大精神，深入贯彻落实中央第六次西藏工作座谈会精神，牢牢把握稳中求进、进中求好、补齐短板的工作总基调，全区经济平稳健康运行，社会事业进步明显。

1. 农牧产业稳步推进

西藏全面深入实施"8个百千万工程"，大力推进农业供给侧结构性改革，截至 2017 年年底全区农林牧渔业总产值达到 169 亿元，粮食总产量达到 103.2 万吨，肉奶产量达到 76 万吨，农畜产品加工企业总产值达到 36.64 亿元，帕里牦牛、亚东黑木耳等获评"中国百强农产品"，农牧产业建设步伐进一步推进，"雪域圣谷"牌青稞香米已获全国农产品金奖。

2. 工业提质增效效果明显

截至 2017 年年底，全区规模以上工业固定资产投资超过

300亿元，在工业固定资产投资中主要以技改投资项目增长较快。为了加快推进清洁性能源开发、净土健康生产、旅游文化、天然饮用水、绿色建筑建材和高原生物加工等特色产业发展，西藏自治区设立110亿元政府投资基金。当前藏中建材年产120万吨新型干法水泥生产线已竣工投产，6个重点水泥生产项目正在积极推进，斯弄多铅锌矿投产运行良好，绿色矿业规模实现了快速增长。"西藏好水"年销售突破80万吨，清洁电力外送达到21.8亿千瓦·时，藏青工业园区建设进一步推进，全区规模以上工业增加值按不变价格计算较上年增长14.2%，各产业集团组建工作步伐加快。

3. 旅游产业升级发展

西藏具有丰富的旅游文化资源优势，近年来，西藏不断加大旅游宣传促销力度，强化旅游基础设施建设，全面突出区域旅游资源特色，有效提升了旅游管理服务水平，已经打造出诸如藏源山南"人文之旅"、圣地拉萨"心灵之旅"、醉美林芝"生态之旅"、壮美日喀则"神奇之旅"等旅游区域品牌，开通运行"唐竺古道"号旅游品牌专列，推进江孜县宗城、岗托等红色旅游景区或景点的创建活动。据统计，截至2017年年底西藏已累计签约旅游开发项目97个，涉及资金达197.5亿元，年平均接待国内外游客量为2 561.43万人次，实现旅游总收入379.37亿元。

4. 文化产业呈现特色

西藏目前基本形成区、市、县、乡四级公共文化设施网络，建成5 464个农家书屋、1 787个寺庙书屋、1 000个卫星数字书屋落户农家，广播电视人口综合覆盖率达到97.3%，累计创作各类文艺作品5 000余部，《共同家园》《六弦情缘》等一批优秀文艺作品获得国家级奖项，藏戏、《格萨尔》说唱、唐卡、藏纸等联合国和国家级非物质文化遗产项目得到有效保护与传承发展，大型实景剧《文成公主》已成为西藏文化旅游的一张名片，全区文化产业年产值突破30亿元。

5. 商贸经济持续繁荣

截至2017年年底，西藏有14个县（区）已被纳入国家电子商务进农村综合示范县，正在积极推进电子商务进农村综合示范工作，与京东、阿里巴巴等电商企业签订了"互联网+"全面战略合作框架协议。2017年全年电子商务重点联系企业线上交易额达2.04亿元，并设立有"中国特产·西藏扶贫馆"等，推进了西藏农牧区商贸经济的繁荣与发展。同时，西藏自治区政府积极组织全区104家优质特色产品企业参加"广交会""西博会""丝博会""商洽会"等重点展博会，以各种"名、优、特"产品参展，累计签约投资项目10个，完成销售合同2880.6万元，总投资额达32.49亿元，有力地带动了全区商贸经济持续发展。

二、富民成效

西藏以优势矿产业、藏药业、民族手工业、特色旅游业、特色农牧业和绿色食（饮）品业6大特色产业为引领，着力推进产业富民发展进程，打造一批具有较高知名度的高原特色品牌，为长期建藏、富民兴藏提供了强大支撑。

1. 生态产业富民成效显著

西藏各地结合当地生态资源现状，大力发展生态环保产业。自2013年开始，西藏的净土健康产业有了新的发展。例如，截至2014年年底，拉萨市净土健康产业已实现产值近28.7亿元，有效带动了当地农牧民增收致富；林芝市在与自然环境不产生冲突的前提下，结合其旅游资源优势，全面发展旅游业，使当地老百姓从中受益。截至2014年年底林芝共有家庭旅馆316家，旅游产业带动相关产业实现增加值36.9亿元，当地群众通过家庭旅馆、餐饮业、旅游交通等产业，几乎家家户户都吃上了旅游饭，依靠旅游家庭年均增收10万元以上，实现了可持续的增收致富路。

2. 文化产业推动脱贫进程

藏民族传统文化对于促进地区经济发展具有重要现实意义，西藏已将扶持藏民族文化发展作为一项长期战略，充分发挥其在带动当地群众脱贫致富和促进地方经济发展中的积极作用。例如，西藏帮锦镁朵工贸有限公司的展厅里挂满了一幅幅做工精美的藏毯，该公司从最初的注册资金2 000万元到现在总资产1.5亿元，吸纳从业人员达到300余人，产品涵盖藏毯、地毯、挂毯、哈达、坐垫、卡垫及旅游纪念品等各种纺织品，有效拓宽了当地农牧民的增收致富空间。西藏帮锦镁朵工贸有限公司已具有国内先进的哈达制造设备，但是仍然注重保护、传承传统工艺和民族文化，董事长韦亚平介绍说，现在公司培养了专业的民族手工藏毯编织团队，每年还定期培训当地藏毯编织技能人员300人次，既使得当地群众获益，又使优秀民族文化得到传承和发扬。

3. 重点产业实现富民目标

西藏自治区提出了"一产上水平""二产抓重点""三产大发展"经济发展思路，重点产业发展培育了西藏经济发展的内生动力。近年来西藏不断加大对农牧业特色产业的投资和扶持力度，初步形成了"五带十四区"的特色农产品区域格局。统计数据显示，2014年西藏全区农牧业特色产业实现群众增收13.15亿元，受益群众达175.6万人，占总人口60%以上，实现户均增收3 305元，人均增收748元。例如，工布江达县错高乡结巴村全村参与养殖藏香猪的群众有170户，仅2014年就创收约 150 万元。至 2015 年西藏全区农牧业特色产业化经营率达 40%，特色农牧业惠及人数占西藏人口总数的 80% 以上。

三、问题分析

1. 特色产业优势不强

特色优势产业应是植根于当地自然条件、资源禀赋、经济基础和历史文化背景等，并且与其他地区相比表现出比较优势，在本地具有绝对优势。目前，西藏特色优势产业正在不断地成长与发展，已初具规模并形成了集聚化的空间分布格局。从第一产业来看，西藏地域广阔、光热资源丰富、昼夜温差大、生态和气候类型多样，发展特色农牧业，如种植青稞、发展草食畜牧业和藏药产业等具有明显的比较优势，其对于破解当前农民增收难题、开辟农民增收渠道、加快农民脱贫致富步伐等能够发挥积极重要作用，但是目前尚未形成相对稳定的市场竞争优势；从第二产业来看，西藏在太阳能、风能、生物制药等新兴产业发展中具有绝对优势，但目前处于未开发状态或开发进程较慢，不能发挥出应有的绝对优势作用，还不能形成推动西藏经济社会快速发展和带动地方群众全面增收致富的"主动力"；从第三产业来看，西藏目前仍以批发业、零售业和餐饮业等传统产业为主，而一些具有底蕴深厚和历史悠长的藏民俗文化产业还未被完全开发出来，这些产业具有广阔的发展潜力和市场空间，目前在第三产业和农牧民整体收入中占比不大，即对带动当地贫困群众增收致富效应不明显。

2. 非公经济活力不足

改革开放 40 多年来，西藏国有企业改革步伐加快，所有制结构明显改善，非公有制经济得到了较快发展，但与内地及其他发达地区相比，西藏民间资本实力非常薄弱，非公有制经济发展不充分的状况仍然比较突出，主要表现为投资能力不足，市场活力不强，技术创新不够，对于城乡劳动力的吸纳能力较差，实现劳务薪酬回报率比较低。当前非公有制经济的分布和空间布局不合理，大型龙头企业数量少，其与中小企业产业关联度低，彼此间配套协作能力差。因此，以中小企业为主体的西藏非公有制经济无法发挥富民增收效应。例如，2017年西藏农牧民人均总收入为12 527元，其中工资性收入（城乡打工）为2 428元，工资性收入占比为19.4%。这表明西藏非公有制经济发展活力还不足，不能够提供充分的创业就业机会，即农牧区仍有大量的剩余劳动力需要被转移。

3. 产业集群力量薄弱

当前，西藏基本形成了以旅游业、藏医药业、高原特色生物产业和绿色食（饮）品业、农畜产品加工业和民族手工业、建筑建材、矿业等为支柱产业的产业集群发展格局，其具有一定的产业集中度、盈利度和劳动生产率，对全区经济社会发展、财政收入增长等起到了重要支撑作用。但从产业发展模式上看，这些产业多是在一定地理空间集聚发展，各产业之间关系呈简单松散状态，既缺乏基于产业链延伸前后向关联性，也缺乏横向产业之间的合作、竞争与依附关系，区域产业水平一体化和垂直一体化的关联度不足，体现不出产业集群应有的规模经济效益与外部效应。一方面，各产业发展主要以单个孤立的几个大企业为支撑，整个产业链体系较为脆弱，其受外部环境影响较大，对当地经济发展的辐射和带动能力非常有限；另一方面，缺少众多中小企业弥补产业链上的空缺，产业体系无法发挥吸纳就业、创造税收、推动创新、活跃市场的效应作用，不利于区域内新兴经营体的培育和外部发展环境的形成，也不利于产业集群规模效应和技术溢出效应提升，即整个产业集群发展基础薄弱，缺乏竞争力和活力，这必然造成地方财政能力不足和农牧民群众收入在较低水平长期徘徊的现象。

4. 劳务经济转化效益低

长期以来西藏农牧业经济以自给自足的自然经济占主导地位，其较低的劳动生产率、产业贡献率和经济拉动力造成农牧民群众脱贫致富增收困难，加之西藏农牧区基础设施落后，农牧民受教育程度偏低，这使得西藏贫困面大、贫困程度深。而劳务经济转化效益低，这是影响农牧民脱贫致富的重要障碍之一。既有自然条件的客观因素，又有历史背景的主观原因，才使得西藏富民产业发展不起来，导致了西藏一方面产业化水平低，劳动生产效率低下，存在产业发展对各类技术人才的巨大需求；另一方面在劳动力市场上又出现大量剩余劳动力，其技能素质和业务水平低，从而限制了产业的发展，同时又限制了劳务人员的收入水平。

5. 新兴产业培育滞后

目前，西藏仍以农牧业经济为主，占全区人口总数84%的农牧民主要依靠传统农牧业生产活动获取收入来源。同时，西藏城镇经济还不发达，城镇提供的就业岗位有限，即劳动力供给过剩与技能型劳动力短缺并存，这是城乡劳动力结构性矛盾的一种表现。当前一些就业岗位主要以劳动密集型产业为主，如建筑建材、手工业制作等，它们虽然在吸纳劳动力方面适合于不同人群的就业需求，其需求层次多样、就业容量大，表现出较强的就业带动能力，但是产业层次不高、发展规模小、竞争力弱，尽管覆盖面广、涵盖的具体行业种类繁多，但是城乡居民总体收入水平还是不高。近年来，随着对传统落后产业改造升级的政策扶持力度不断加大，以电子商务、现代物流、信息咨询、金融保险、会计法律等为代表的新兴产业在西藏蓬勃发展，而目前缺乏对这些产业培育和推动发展的有效机制与潜在活力，一方面是由于劳动者技能素质偏低，另一方面也存在区域环境条件的制约。但这些新兴产业必将为西藏产业富民发展带来契机，西藏需要不断提升当地劳动者文化技能与素质水平，全面推动新兴产业的快速发展。

第八章　西藏产业富民发展对策

一、指导思想与发展原则

以习近平新时代中国特色社会主义思想为指导，以党的十九大精神为指引，西藏应遵循市场经济发展规律，立足西藏全区实际，按照"人无我有，人有我优，人优我强，人强我精"的发展原则，结合西藏乡村振兴战略，加快西藏产业发展步伐，全面构建新兴经营体系，促进科技兴业，实现产业富民，培育壮大高原特色农牧业，推进旅游业、文化业、藏医药业、高原特色生物产业和绿色食（饮）品业、农畜产品加工业和民族手工业、矿业、建筑建材业发展步伐，实现一、二、三产业全面融合，着力搞好经济结构调整，发展地方特色经济，形成"一乡一业，一村一品"格局，把加快实施产业富民战略作为推动全区经济社会快速发展的重要途径。西藏应遵循以下原则：

1. 发挥优势，破解短板

推动产业富民发展的基本思路就是立足实际区情，以培育非公有制经济成长和发展为人民增收的主要载体，不断优化发展环境，积极发挥第三产业及劳务经济在人民增收中的主导作用，发挥城镇建设在生产要素聚集中的重要支撑作用，不断培育和发展产业集群和循环经济模式，并通过构建现代产业经营体系，增加就业机会，扩大经济总量，增强富民增收的内在动力，从而提升从业者的技术层次和专业化水平，实现西藏产业跨越式发展与群众增收致富共赢的良好局面。

2. 突出特色，夯实基础

西藏是以农牧业经济为主的地区，农业是国民经济的基础，是目前推动西藏经济社会发展的主导力量，高原特色农牧业是推进西藏产业富民发展的基础产业和优势产业。西藏必须立足传统产业的既有优势，通过规模化、标准化、产业化、生态化生产，加快传统产业升级发展步伐，重点突出以高原特色农牧业和农畜产品加工业等为核心的传统产业升级改造，不断优化农业产业空间布局，加大农业科技投入和技术推广力度，加强农业生产经营管理，改进农产品品种结构，全面提升农产品竞争力和农产品的附加值率，促进西藏农牧民收入水平不断提高。

3. 依托科技，创新发展

在改造提升传统产业的同时，西藏应以区域资源优势为依托，重点发展新能源、新材料、节能环保、电子信息、生物医药、文化创意等领域的关键产业，将其作为战略性新兴产业的主攻方向，在增量上要通过发展新兴产业来加快经济结构调整步伐，通过发展高原生物医药、新材料、新能源、节能环保的战略性新兴产业来提升西藏产业发展的潜力和活力；全面开展行业关键性技术攻关，使战略新兴产业成为优化西藏产业结构的重要引擎，并着力解决成果转化难和中小企业成长难等问题；围绕当前已形成的产业集群和体系，在充分发展非公有制经济的基础上积极延伸产业链，拓宽产业空间，提高产业关联度，不断实现产业集群化发展，发挥产业集群经济的规模效应，加强技术推广与应用，降低产业经营成本，加快群众增收致富步伐。

4. 强化服务，提升效益

西藏应加快一、二、三产业融合发展，全面提升产业经营效益，着力推动以生产性服务业为重点的现代服务经营体系的形成，加快以金融、物流、科技、咨询、商务、信息等为主要内容的现代生产性服务业的培育，努力提高多元化服务质量与水平，实现资源共享与统筹利用；集中治理污染，推动产业低碳、绿色化发展，全方位优化产业发展环境，实现产业由粗放型生产向集约型生产转变；努力提升西藏产业的综合效益与市场竞争力，全面构建产业间循环经济模式，使其成为富民增收的主渠道，并为推动西藏经济社会和谐、健康发展提供强大支撑。

二、重点产业的发展

按照习近平总书记在党的十九大报告中的总体要求，加快建设科技创新、现代金融、实体经济、人力资源协同发展的产业体系，以提高经济社会发展质量和效益为中心，大力培育具有地方比较优势和市场竞争力的产业集群，使其为促进地方经济社会全面发展和带动老百姓脱贫致富发挥作用。西藏的重点产业的发展情况如下：

（一）高原生物产业的发展

西藏应立足农牧业经济基础，积极发展绿色农牧业、低碳农牧业、品牌农牧业、健康农牧业，加大高原作物深加工力度，做好林下资源开发，进一步优化特色农牧业产品结构，做大做优藏药产业，打造高原生物产业品牌，生产更多高原健康生物制品，力争2022年实现产值300亿元以上，促进产业富民发挥效益。

1. 优化农牧产业结构

按照"山顶戴帽子、山腰挣票子、山下饱肚子"的农牧产业生态布局格式，西藏应不断调整优化农牧产业结构，积极发展高原生态、绿色农牧业。结合农区、牧区、半农半牧区的资源禀赋和产业优势，按照宜农则农、宜牧则牧、宜林则林的发展思路，实施全区农牧产业互补战略，完成专业化布局任务，推进优势产业向优势产业区集中，加快转变农牧业发展方式，通过"一村一品""一乡一业"的专业化布局，形成产业规模化发展优势，突出分类指导，强化科技引领，使之形成精准农业、生态林业、绿色畜牧业的新型农林牧融合式发展的新业态，重点抓好青稞、荞麦、马铃薯种植，推进林下资源、肉制品、乳制品等特色农畜产品深加工，加大冬虫夏草、红景天、茶叶、玛咖等高原特色生物和高原特色食（饮）品业的开发，不断延长农牧业产业链，优化农业产业结构，提高农业增加值和附加值率，全面提升农业经营效益，促进农牧区一、二、三产业有效融合与快速发展。

2. 促进特色畜牧业发展

按照高产、优质、高效、生态、安全的要求，西藏应着力推进特色畜牧产业发展，重点解决西藏高原畜牧产业有优无势、特色不特等问题，彻底改变当前西藏畜牧业"少而全""小而杂"的产业现状，主要发展以牦牛、藏羊、藏猪、藏鸡等为主的高原特色畜牧产业，重点在暖棚养畜、牛羊育肥、人工种草、饲草料基地建设和饲草存储加工等方面下功夫，将比较优势转化为经济优势，资源优势转化为特色优势，力争将牦牛、藏羊、藏猪、藏鸡等培育发展成具有西藏竞争力的高原特色生态畜牧产业和战略性品牌主导产业，全面提升西藏特色畜牧业总体发展水平，使畜牧业增产和农牧民增收有机地结合在一起，全面调动农牧民群众发展高原特色畜牧产业的积极性。

3. 搭建增收致富平台

西藏可以通过招商引资、牵线搭桥、挂靠和嫁接等形式，新建和壮大一批起点高、科技含量高、规模大、辐射带动力强的产业化龙头企业，按照规模化、良种化、优质化、标准化、专用化的要求，加强高原生物产业的龙头企业与原料基地一体化建设，实现农牧产业化经营目标一体化。首先，在海拔适当、地缘相邻的地域集中布局建设各类生物产业原料基地，遵循生物适生性规律，依靠科技，充分利用生命科学和现代生物技术、信息技术等高新技术研究成果，促进生物技术与西藏特色生物资源的有机结合，推进传统生物产业优化升级。其次，围绕生物产业发展的重点领域，提高产品技术含量和附加值，以规模化应用促进产业链延伸，全面推动藏药、青稞、高原风味牛肉和羊肉等特色农畜产品加工生产龙头企业形成。再次，以关键技术的工程化集成和传统产业改造升级示范为主要内容，全力打造绿色品牌，增强产业牵引力，加快实现具有自主知识产权产品的产业化，生产更多更优质的高原健康生物制品，促进农牧民快速增收。

4. 对接市场流通需求

西藏应优化农畜产品市场流通体系，积极推广农牧区订单直销和连锁配送等流通方式，完善农畜产品收储设施，发展农畜产品冷链物流，畅通鲜活农产品运输通道，提高农畜产品生产流通组织化程度，建设好西藏乡村农畜产品流通"最先一公里"布局；积极发挥对口支援优势，探索"内地研发+西藏生产+区外销售"的模式，拓展西藏特色农畜产品销售渠道，推动全区电子商务交易平台与农畜产品流通对接与融合发展；整合线上信息资源和线下农牧业专业组织与农畜产品批发市场等实体资源建设，大力发展订单式农牧业生产，加强农畜产品网络直销配送与综合服务体系建设；通过预付定金等方式减少农牧业经营风险，有效解决西藏当前农畜产品"卖不了"与"卖不好"的矛盾与困境问题，全面提升农牧民的收入水平。

5. 建立互助合作机制

西藏应采取"政策惠助、资金扶助、项目资助、企业互助"等措施，不断探索和建立产业富民机制，根据"培训一批，转移一批，提高一批"的思路，积极提升西藏农牧民的技能素质与文化水平；充分尊重和保障农牧民的生产经营主体地位，结合产业化发展需求和劳动力市场供给，深入组织实施农牧区新型实用技术培训，丰富和充实培训内容，不断增加培训投入，全面创新培训方式，积极完善培训机制，不断提升农牧民的科技水平、创新意识和就业能力，引导它们参与新兴产业的经营和管理，并鼓励农牧户依法采取多种方式将土地、草场等生产要素向种养大户、家庭农场等进行流转，实现主体品种良种化、生产过程规范化、销售环节一体化、利益联结科学化；发展适度规模经营，采取"公司+合作组织+农牧户"和"公司+基地+农牧户"等方式，大力培育西藏农牧区农业龙头企业和农牧民专业合作经济组织发展，建立自愿平等、利益共享、风险共担的联结机制，引导其规范管理与科学运行，有效提高农牧民收入水平。

（二）旅游文化产业的发展

西藏应立足旅游、文化资源优势，加强旅游文化产业基础设施建设，打造特色景点、景区，突出特色高端品牌建设，扩大对外开放，拓宽进出藏通道，推进西藏旅游与特色文化深度融合，加大促销力度，维护市场秩序，规范市场管理，保护消费者权益，力争 2022 年旅游总人数达到 7 000 万人次以上，实现"旅游+文化"产业富民发展格局。

1. 坚持特色引领导向

西藏应以"特色、高端、精品"为导向，大力实施功能完备、符合国际标准、特色鲜明、融合发展的"旅游转型升级"工程，将西藏打造成重要的世界旅游目的地。西藏地处高原地区，区位优势明显，旅游资源是其特色、优势之一，能够集寺庙、山川、草原、河流、湖泊、动植物等秀美自然景观于一体，形成了独树一帜的高原生态旅游品牌。西藏旅游业经历了从无到有、从小到大、从弱到强、不断丰富和全面发展的历程，其蕴藏巨大的发展潜力和广阔的市场前景。随着国家西部大开发战略的全面实施和全区产业结构的不断优化升级，西藏旅游业扬起了风帆和进入了全面开放开发的"快车道"阶段，并有望成为加快产业富民发展的一项重要战略举措。因此，推动西藏旅游产业富民需要由数量增长型向质量效益型转变，不断挖掘旅游文化资源，支持乡村旅游业大发展。目前结合旅游资源开发工作，西藏应树立旅游发展观念，积极发展生态旅游，建设高品质旅游景区，推出精品旅游线路，塑造知名旅游品牌，加快推进旅游信息化发展，健全旅游交通网络，实施"五通两有"工程，完善旅游公共服务设施，打造无障碍旅游区，建立与国际通行规则相衔接的旅游服务标准和旅游法规，全面改善旅游消费环境，健全各地旅游应急救援、安全预警、医疗救助等安全保障体系，构建吃、住、行、游、购、娱等为一体的完备旅游体系，促进旅游业和其他产业有效融合与全面发展，使旅游产业富民能够发挥最大效益。

2. 立足当地资源优势

西藏具有丰富的乡村旅游资源，应将"旅游业+"打造成西藏富民增收的新的经济增长点，目前乡村旅游开发与扶贫攻坚工作有效结合，并取得了一定成效。例如，林芝市朗县立足其独特的自然风貌，大力发展乡村旅游业，使旅游人数和旅游收入持续增长，至 2016 年全县旅游人数达到 10 万人次，收入近 5 000 万元。因此，为全面推动旅游产业富民发展，西藏应努力打造高原特色旅游品牌形象，建设青藏高原生态旅游示范区，按照"一年打基础，三年大发展，五年大产业"总体目标，结合西藏"十三五"旅游业发展规划，明确各地旅游业发展重点和具体实现路径；坚持以效益为核心，以项目为动力，以市场为导向，强化政策引导，创新融资方式，重点发展民族风情游、生态游、农家乐等民俗旅游项目，突出特色创品牌、优势创效益，全力推进西藏旅游产业大发展；努力做大做强高原特色生态旅游项目，积极夯实民俗传统文化旅游基础，科学探讨休闲创意度假旅游活动；全方位调动农牧民参与"旅游业+"产业的积极性和主动性，加强区域联合与部门协作，完善各方利益分配机制，形成全民参与旅游发展的良好格局，保障西藏农牧民收入不断增长。

3. 构建文旅产业体系

西藏应着力构建结构合理、门类齐全、竞争力强的文化产业富民体系，大力实施"互联网+藏文化"工程。当前西藏文化产业总体实力不强，缺乏活力和竞争力，这是影响西藏文化产业富民发展的一个重要因素。文化是推动经济社会发展的重要手段，西藏具有丰富的民俗文化内涵和资源基础，一要不断挖掘、改造和提升西藏独有的文化资源优势，充分开发藏民族节假日和节庆活动文化内涵；积极发挥各地传统技艺特点，以唐卡、藏香、藏毯、金属制品加工等为主，促进各种文化元素的交流与融合；积极开发具有民族地域特点的文化产业项目，如藏戏、雕刻、藏香、藏纸、民族歌舞、民间说唱、民俗表演、民间艺术和民间工艺等，树立精品意识，打造特色品牌，延伸文化产业链和形成文化竞争产品，使其成为带动全区富民的主体产业。二要进行引导、扶持，以"公司+基地+农牧户"等形式，培育西藏各种文化主体，积极支持农牧民群众自我管理、相互联合，使其发挥各自优势，突出各自特色，着力形成"一村一品""一县一特"文化业态，引导其进行市场化运作；大力促进文化投资主体多元化，全面培育和发展文化龙头企业，建立健全文化产业组织协会，优化全区文化产业发展布局，推动藏区文化产业"走出去"。三要对各类文化经营实体从政策制定、税收优惠、资金投入上给予扶持，夯实文化产业基础，加大文化产业对农牧民增收致富的输血和造血作用；千方百计搭建文化产业发展平台，充分利用现代高科技与信息技术，厚植各类文化产品中的藏文化元素，加强文化产品创意设计和数字制作，培育西藏动漫、游戏、网络文化等新兴文化业态；推进西藏传统文化向数字文化产业发展，创作更多的"特""新""优"文化产品。四要扩大和引导文化消费，精心培育新的文化消费模式，建立西藏"互联网+"文化产品营销体系，提高全区文化资源的科学配置和开发效率；全面拓宽西藏民俗特色文化市场建设，适应全国各地不同文化主体的消费需求，使西藏特色文化产业能够在全国乃至全球市场竞争中不断发展壮大起来，并成为强区富民的主导产业。

4. 走差异化战略路径

西藏应坚持特色化、差异化发展战略，形成旅游搭台、文化唱戏的"旅游+文化"合力发展路径，使其为西藏产业富民提质增效。旅游和文化对于加快西藏经济社会发展具有重要作用，其不仅贡献于经济增长，而且为加快转变经济发展方式等提供新思路和配备新动力。实践证明，旅游和文化的有效融合能够成为推动西藏农牧民收入快速增收的重要手段。一方面，旅游业作为载体可以使外界文化与西藏文化进行沟通和交流，能够发挥"引进来"和"送出去"的作用；另一方面文化作为旅游的内涵，能够增加农牧民收入。西藏文化源远流长，文化富民已被纳入全区经济社会发展战略规划。按照"生产发展、生活宽裕、乡风文明、村容整洁、管理民主"的社会主义新农村建设和乡村文化产业发展要求，西藏要不断强化政府公共文化服务职能，加强其对文化产业富民发展的推动作用，使其成为改变西藏贫困乡村面貌，增加农牧民收入，提高农牧民素质和推动农牧区经济社会和谐发展的有力抓手，并通过市场机制作用推进文化产业与旅游业的有效融合；全面整合文化资源，走传统民俗文化与现代生态旅游相结合的路子，建立"旅游+文化"的发展格局，不断盘活现有资源存量，扩大价值增长空间，以各种资本为纽带，以实现共赢为目标，鼓励跨地区、跨所有制结构进行"旅游+文化"投资与经营管理；培育一批西藏旅游文化名镇、名村、名园、名品，构建村、乡（镇）、县（区）、地（市）"四位一体"的特色旅游文化产业链，不断发展壮大西藏"旅游+文化"产业实力，走"共建、共办、共赢"的发展之路，推动产业富民大发展。

5. 全面规范行业管理

西藏应加强"旅游+文化"市场建设，积极推广"生态西藏、人文西藏""风动、幡动、心动""山青、水清、人亲"的西藏品牌形象。一方面，充分发挥市场机制的基础配置作用，培育和开拓农牧区旅游文化市场体系，通过全面加强市场管理，完善机制作用，打击侵权行为，维护合法经营，建立依法经营、诚实守信的"旅游+文化"市场秩序，营造浓厚的"旅游+文化"发展氛围，创造公开、公平、公正的市场竞争环境，把西藏建设成为全国民族文化与生态旅游示范区及世界旅游目的地；另一方面，不断开拓各地旅游客源目标市场，积极举办各类旅游艺术节和旅游交易会等，把山川植被、草原风光、宗教文化、民俗风情等具有高原特色的西藏生态文化宣传出去，吸引各方资本参与文化旅游产业大发展，建设优质的"旅游+文化"产业园地，不断提高文化产业的经营效益与发展水平，全面提升城乡居民收入水平。

（三）高原绿色工业的发展

西藏应结合生态功能区定位，重环保、强科技、创品牌，重点推动天然饮用水产业发展；以适度工业化发展为路径，布局好绿色矿产业，突出抓好铜、锂等优势矿产品的规模开发；积极推进装配式绿色建筑应用，降低建设成本，满足建设需要，全面发展绿色建材业，使其能够成为推动西藏经济社会发展和带动产业富民的重要途径。

1. 推动绿色工业园建设

按照产品全生命周期绿色管理理念，遵循生态环境影响最小化、能源资源消耗最低化、可再生率最大化的原则，西藏应以点带面，大力开展绿色设计工作，加快开发具有节能、环保、低耗、可靠、无污染、长寿命和易回收等特性的绿色产品，按照厂房集约化、能源低碳化、原料无害化、生产洁净化的原则创建绿色工厂，推进西藏绿色工业园区建设。引导企业按照绿色工厂建设标准建造绿色工业园区，一方面集约利用厂区，改造和管理现有厂房，实现产业生态链接，推动企业集聚化发展，使其能够吸纳更多的优质资源和提供更多的就业岗位，为促进产业富民发展创造良好的平台；另一方面，以服务平台建设为重点，提高可再生能源使用比例，重视生态环境保护，加强污水处理和循环再利用，提升水资源循环利用效率，推动供水、污水等基础设施绿色化改造，实现整个园区能源梯级利用，为全面推动产业富民"生态化"良性发展奠定基础。

2. 促进天然水源开发

西藏应重点推动天然饮用水开发，培育壮大天然饮用水产业。支持量大质优的天然饮用水重点开发项目建设，加快天然饮用水资源勘查，整合、重组西藏大型天然饮用水企业集团，优化产业龙头企业合理布局，积极整合和培育壮大区内天然饮用水企业；坚持质量安全和品牌发展战略，督促饮用水企业进行技术改造和设备更新，实现产品全流程质量监管，并建立天然饮用水生产的工艺装备、质量安全、安全生产、环境保护等标准体系；全面提高天然饮用水产能效益，有针对性地引导和加强"西藏好水"市场营销网络体系建设，支持饮用水企业开发优质产品，推进包装材料制造、物流仓储和广告业务宣传等协同发展，着力打造品质优异、知名畅销的"西藏好水"地方品牌，使其为推动西藏产业富民发展助力。

3. 实施藏药兴藏富民

西藏应坚持继承和创新并重，推动藏药产业可持续发展。一方面，立足西藏藏药生产基地，强化基础研究与推广应用，推进国家级藏药研发中心等创新性平台为西藏藏药产业发展发挥作用，可以借助西藏藏医学院等科研院校实体，加大对藏药产业复合型人才培养力度，加强藏药药理临床研究，积极发展藏药现代化生产技术，增加藏药在国家基本药物目录的品种和数量，不断完善藏药标准体系和检验检测体系，促进藏药的临床应用，使其能够为全区人民带来福利；另一方面，建立藏药种质资源保护体系，严格执行新版药品生产质量管理规范（GMP），挖掘和继承藏药材种植和加工技术，加大濒危藏药材现代繁育技术攻关力度，鼓励藏药企业兼并重组和联合经营，植入现代经营模式，推进藏药炮制加工标准化、集约化、规模化，采取"公司+基地+农牧户"的经营管理方式，建设大宗药材、紧缺药材和濒危藏药材繁育生产基地，打造藏药知名品牌，开拓区内外藏药市场，推动藏药产业富民发展。

4. 发展绿色采矿建材业

西藏应加强基础地质与矿产勘查工作，布局好绿色矿产业开发格局。建设重要的战略资源储备基地，加快盐湖资源综合开发利用，将绿色管理贯穿企业研发、设计、采购、生产、营销、服务等全过程；合理有序发展优势矿产业，重点突出铜、锂等优势矿产品的规模开发，引导企业建立集资源、能源、环境、安全等为一体的绿色管理体系，聚焦工业绿色发展需求，加快能耗、水耗、碳排放、清洁生产等标准制订，着力强化标准引领约束作用，建立完善工业绿色发展标准、评价及创新服务体系；支持企业实施绿色战略，使其履行绿色标准，实施绿色管理和推动绿色生产，做到绿色评价与绿色消费相衔接，达到生产经营管理全过程绿色化、低碳化、无污染化，建设绿色、安全、和谐、无污染的西藏矿山，不断提升绿色品牌竞争力；积极发展绿色建材业，加强产能指导，淘汰落后生产工艺，推进新型墙体材料应用示范，大力发展新型干法水泥，大力推行工程项目总承包制，吸纳更多的城乡剩余劳动力积极参与，全面提高建筑企业实力和竞争力，促进西藏建筑建材产业转型升级，带动全区其他富民产业有序发展。

5. 实现绿色工业协同发展

西藏应充分发挥区域比较优势，推进西藏绿色工业协同发展，根据全区区域资源承载力和环境容量，充分发挥西藏主体生态功能区规划的引导作用，围绕绿色产品、绿色工厂、绿色园区和绿色供应链等构建西藏绿色制造与供给体系，全面提升西藏绿色工业发展标准化水平；在优化工业用地布局和结构，合理开发并有效保护资源的基础上，提高节能、节水、节地、节材指标及计量要求，加强土地资源的集约利用，推动绿色资源优势向经济竞争优势转化，并加快实施"互联网+绿色制造"西藏新型工业化发展模式；建立自我评价、社会评价与政府引导相结合的绿色制造评价机制，推动"互联网+"与西藏绿色制造相融合发展，不断提升能源、资源、环境智慧化管理水平，用分享经济模式挖掘现有工业资源与数据潜力,提升西藏工业绿色智能水平,推进生产要素优化整合与共享,使其成为推动西藏产业富民发展的新兴主体。

(四) 清洁能源产业的发展

西藏具有丰富的水能、风能、太阳能资源基础,应充分发挥现有资源优势,加快推进西藏电网建设,拓展电力外送通道和消纳市场,推进新的重大水电项目建设,加快在建水电项目工程进度,推动风能、光热等可再生能源的开发利用。西藏应力争到 2022 年电力总装机容量达到 600 万千瓦以上,完成能源投资 2 500 亿元以上。

1. 加快建设清洁能源基地

随着清洁能源技术进步和产业化步伐的加快,可再生清洁能源已展现出良好的发展前景,在西藏已具备规模化开发应用的产业基础,但也面临一系列问题和一些明显的制约因素,主要表现在开发应用技术不成熟,目前仍以传统能源为主。例如,传统电力系统尚不能满足当前工业化生产和生活需求;可再生能源与其他电源开发利用滞后;传统能源与风电、光伏发电等波动性可再生能源的并网运行存在障碍;可再生能源发电大规模并网仍存在技术障碍,造成当前弃水、弃风、弃光现象严重。2018 年西藏自治区政府工作报告要求,应创新清洁能源发展方式和优化发展布局,建设国家重要能源基地,通过不断完善清洁能源扶持政策,加快促进清洁能源技术进步和成本降低,提高清洁能源在能源消费中的比重,重点加快开发藏东“三江”流域等水电资源,加快建成川藏联网工程,开工建设金沙江苏洼龙、澜沧江如美、怒江松塔等水电站,规划建设藏电外送输电通道,实现清洁能源外送形成规模,推进覆盖藏、川、渝三省(区)的西南电网建设,初步建成“西电东送”接续基地。

西藏应推进青藏联网工程，推进阿里电网与藏中电网联网，实现昌都电网与藏中电网联网，完善城乡配电网络，实现农牧区电网延伸扩建，力争建成覆盖全区统一的电网；研究清洁性能源的开发利用技术，扩大清洁能源应用规模，推动西藏能源结构优化升级，使其为"强区富民"发挥作用。

2. 加强可再生能源的开发利用

西藏应因地制宜、因能制宜，推进太阳能、风能、水能、地热能的开发利用，推动形成各有侧重、优势互补的区域能源发展格局；规划建设大型并网光伏、光热电站，鼓励发展分布式光伏发电系统，积极开发利用风能、地热能，使区内电力装机容量达 460 万千瓦，一定程度上缓解西藏能源需求压力。藏东南地区应着力打造"西电东送"接续基地，实现电力规模外送。藏中地区大力开发雅鲁藏布江中游、朋曲、易贡藏布等河流水能资源，加快雅鲁藏布江中游等河流电源项目和藏中燃气电站建设，鼓励和支持利用固定建筑物房顶、墙面及附属场所和蔬菜大棚建设光伏发电项目。藏西北地区重点开发太阳能、风能、地热能等清洁再生能源，全面实施光伏扶贫工程，因地制宜推动可再生能源集中式与分布式并举的发展格局，推进太阳能开发利用，积极推动可再生能源供暖、风电制氢等示范工程建设；完善油气运输和储备设施，推进输气、输油管线建设，不断提升西藏能源保障能力，全面拓宽民生用能和牧业发展能源保障范围。

3. 着力降低清洁能源成本

西藏应推动新能源产业自主创新，充分发挥企业的研发主体作用，加大资金投入，促进技术进步，建设新能源综合技术研发平台，推动全产业链的原材料、产品制备技术、生产工艺及生产装备国产化水平提升，提高设备效率、性能与可靠性，推动产业技术升级，加快建设风电、太阳能发电等新能源生产供给体系。同时，根据西藏水资源分布、地形地貌及经济社会发展需要，西藏应开展跨境河流水资源优化配置研究和规划编制，推进重大水电项目建设，合理布局水利设施建设，提高水资源利用效率，着力解决惠及民生的水利问题，实现水资源可持续利用，使其服务于全区产业富民发展。对于中部河谷区，应加强骨干水利工程建设，有效保护"一江六河"重点河谷段，做到系统治理、合理开发，提高水资源统筹调配和供给能力；对于东部高山峡谷区，应改善干热河谷生态，强化水源涵养和水土保持，合理开发利用水能资源，提高用水资源保障供给能力；对于西北高寒区，应以促进草地资源可持续利用和草原畜牧业可持续发展为目标，加快人工饲草料地和抗灾饲草料地水利设施建设；对于南部边境带，应加强"边境五小"水利设施建设，提高边境地区水利民生保障程度。

（五）现代服务产业的发展

党的十九大报告指出，建设现代化经济体系的着力点之一就是"加快发展现代服务业，瞄准国际标准提高水平"。西藏应按照全区"提升一产、壮大二产、搞活三产"的总体战略思路，发展现代金融服务业，发展第三方支付、互联网金融等新业态，加快打造顿珠金融园；积极完善良种、农资、农技、培训、信息、流通服务，发展农业服务业，推进农业现代化；积极培育科技研发、仓储物流、信息咨询、经营管理服务主体，发展工业服务业，为发展绿色工业提供条件；积极提升教育、医疗、餐饮、酒店、交通、水电、快递等领域服务水平，发展城市服务业，满足群众需要，扩大社会就业。西藏应力争到2022年其现代服务业增加值达到500亿元以上，推动产业富民发展。

目前，就西藏服务业发展结构来看，主要以面向消费者的消费性服务为主；而面向生产者的生产技术性服务存在供给不足等问题，而且其在西藏农牧区出现普遍缺位现象，制约西藏农牧业现代化步伐的顺利推进。因此，西藏必须将服务业打造成为推动现代化经济体系健康运行的稳定器，建成体量大、种类全、质量高的现代产业体系。

1. 积极发展现代金融业，拓宽金融有效供给渠道

针对西藏企业普遍面临的"融资难、融资贵、融资少"等问题，西藏需要从供给侧结构性改革思路和总体要求入手，围绕实体经济的需求，着力拓宽融资渠道，为企业营造良好的融资环境。一方面，大力发展创业金融和普惠金融，借助互联网、云计算、大数据等新兴技术手段，积极发展第三方支付、互联网金融等新业态，完善银行、担保、租赁、保险、信托等机构的合作机制，不断创新和整合业务渠道，建立健全以投贷联动为核心的金融服务模式，有效改善金融供给质量和提升金融供给的配置效率及服务水平；另一方面，重点打造顿珠金融园，将其作为推进"产业强区"的重大战略路径，其功能定位是服务西藏地区的现代休闲和高端商务产业，以及辐射南亚地区的现代金融服务示范基地。西藏通过不断完善其现代金融服务体系，旨在扶助新兴产业茁壮成长，推动产业富民大发展。

2. 积极发展农牧区现代服务业，实现产业融合协同发展

西藏广大农牧区农民居住分散，出现服务供给总量小、门类少、质量低等问题。新商业模式革命浪潮的兴起和"互联网+"新业态的快速发展使得服务业企业面向农村提供大量高质量服务具有较大可能性。西藏一方面要加大对农村通信和交通基础设施的投资力度，早日实现"村村通"工程对农村地区的全覆盖，借助"互联网+"的业态模式和技术手段，重点对边远山村居民进行异地搬迁、集中安置，制订现代服务业企业惠农的专项扶持计划，并为企业搭建与三农相关的公共服务、生活服务、电子商务、农资租赁等平台提供政策便利和资金扶持，以

现代服务业带动农业现代化发展；另一方面在具有一定经济基础和发展水平相对较好的农牧区，给予配套服务投资，增加农村经济增长活力，吸引与当地农牧业相配套的生产性服务型企业投资农村，助力农牧区现代化发展，使农牧民能够直接受益和实现增收致富。

3. 积极发展工业服务业，建立健全技术创新机制

西藏要不断鼓励生产性服务业企业开展各类开发和增加科技投入，加大政策支持力度，设立生产性服务业发展引导资金，支持企业组建各种形式的战略联盟，主要对那些影响大、带动作用强、具有示范效应的服务业重点项目进行贴息或补助；强化生产性服务业企业分工优势，使其在关键领域形成具有自主知识产权的核心专利和技术标准；扶持具有西藏地域特点的生产性服务业集聚区、现代物流业、商务服务业、信息服务业等领域的重点项目建设，助力西藏新型生态工业发展，全面提高工业增加值和产业链各环节的附加值，使西藏工业发展为"强区富民"和"产业富民"的主力军。

4. 积极发展城市服务业，增强其对乡村剩余劳动力的吸纳力

一个城市的经济发展状况取决于该城市的人力资本水平，包括知识积累、技术进步和人口聚集度等。城市现代服务业的发展带来了城市空间要素的集约化和城市区域集聚效应扩散，这对于落后的西藏城区而言是发展机遇，西藏要增强城市对闲散剩余劳动力的吸纳能力。第一，可以通过积极发展教育、科技、文化、制造和服务等产业并促进其相互融合来产生城市集聚效应，提升城市发展潜力，拓展城市经济增长空间，满足更多西藏城乡剩余劳动力的就业需求；第二，将城市综合开发与休闲小镇、文化创意、金融服务和信息商务等新领域、新热点和新业态进行有机融合，推动现代服务业与城市空间要素的优

化配置，促进产城一体化建设，达到服务要素在城市空间的最优配置，使西藏城区建设各具特色，使休闲、服务、创业、建设等融为一体，这样既能实现安居乐业，又能实现人民增收。

5. 优化城镇商业网点布局，完善现代商贸物流服务体系

西藏应引导传统运输、仓储企业向现代物流企业转型，大力发展第三方物流、冷链物流、低碳物流和智慧物流，积极培育商贸物流服务主体，支持大型连锁企业、农产品流通企业发展，鼓励国内外大型商贸流通企业在藏投资兴业，统筹规划建设西藏现代物流中心、配送中心；推进农牧区现代流通网络、农贸市场、农家店建设，实现"农超对接"，加快现代商贸物流向农牧区延伸和覆盖，建设农牧区日用消费品、农资配送中心等；加快推进城镇配送与商贸服务网点、居民居住区的有效衔接，加强大宗商品跨区域城际配送，并依托南亚开放的重要通道，完善货物储存、配送功能，建设拉萨物流中枢和日喀则、昌都、那曲区域性物流中心，为推动进出口商贸物流业发展奠定基础，全方位实现富民增收。

（六）高新数字产业的发展

西藏应推动大数据、物联网、云计算、移动互联等新一代信息化技术在西藏落户发展，促进人工智能、生物工程、新材料应用等高新技术与西藏一、二、三产业融合发展；推进北斗卫星导航和全球定位系统建设，全面发展电子商务，实施网络扶贫，促进新能源汽车、高寒探险旅游装备制造等技术应用和发展，推进拉萨高新区数字经济示范建设。西藏应力争到2022年其高新数字产业产值达到300亿元以上。

数字产业是创新经济、绿色经济、开放经济、共享经济，是通过大数据、人工智能等技术的广泛应用，以现代信息网络为重要载体，以数字化的知识和信息为关键生产要素，与各类

经济活动深度融合的产业。它是充满活力、代表未来的新经济产业，能够显著优化经济运行环境，提升经济运行质量和运行效率。从全社会角度看，随着网络强国战略、"互联网+"行动计划和电子商务等一系列重大战略和行动的实施，数字产业已进入西藏，数字产业是推动经济变革、效率变革和动力变革的"加速器"和"放大器"，并有望成为推动西藏产业富民发展的重要通道。

1. 抢抓数字经济时代机遇

西藏要鼓励当地的各类企业应用物联网、大数据、云计算、先进过程控制等技术，实现人工智能、生物工程、新材料应用等高新技术与一、二、三产业融合发展，重点以农村一、二、三产业之间的融合渗透和交叉重组为路径，推动能源管理智慧化，实施数字能效推进计划，促进绿色制造数字化提升，带动农村一、二、三产业融合发展。通过形成新技术、新业态、新商业模式，西藏应以产业发展和发展方式转变带动资源、要素、技术、市场需求在农村的整合集成和优化重组，促进产业链延伸、产业范围拓展和产业功能转型，加快农村一、二、三产业深度融合。对于西藏目前以农牧业经济为基础的社会发展现状，西藏可以推动农产品深加工、精加工、农村服务业顺向融合发展，不断增加农产品农业附加值，提升农业生产经营效益；还可以发展农业旅游业，建立农产品直销店，兴办产地加工业，采取农村服务业或农产品加工业向农业逆向融合等方式，最终形成数字经济发展的新技术、新业态、新商业模式，使其成为推动产业富民发展的新契机。

2. 探讨网络扶贫新路径

实体经济是数字经济发展的重要领域，西藏应全面加快智慧乡村建设，实施网络扶贫，发展电子商务，满足不同主体多样化的绿色消费需求；鼓励企业或个体利用网络销售绿色产品，积极支持农村电商、跨境电商、移动支付、阿里巴巴新零售、电子世界贸易平台（eWTP）、快递物流等新技术、新业态、新模式不断在西藏发展和做强做大；推动电子商务企业直销或与实体企业合作经营绿色产品或提供服务，积极培育网络化协同、个性化定制、在线增值服务等网络新模式，加快西藏绿色数据中心建设，大力推动科教、健康、环保、交通、旅游、安全等民生领域的"互联网+"应用；加快传统产业数字化、智能化进程，以数字经济带动实体经济振兴，实现生产资源的优化整合和高效配置，不断推进"数字化+""互联网+""智能化+""标准化+"数字经济发展进程，有效增加民众收入。

3. 拓宽数字经济增收空间

数字经济是高效率经济，西藏应牢牢把握数字经济变革的新时代机遇，加快发展以数字经济为标志的新经济，以人民群众的获得感、幸福感、安全感为目的，推进北斗卫星导航和全球定位系统、新能源汽车、高寒探险旅游装备制造等技术的应用和发展；要以高质量、高效率、高效益为核心，打造数字经济生态最优区域，以拉萨高新数字经济示范区建设为先行。拉萨是西藏数字化转型和新经济发展的大平台、新舞台和主战场，高水平建设拉萨高新数字经济示范区，其核心是建设西藏现代金融高地、现代科创中心、创新型产业集群、现代智能交通体系和现代开放门户，用数字化手段把拉萨建设成为数字经济的创新高地，充分体现"互联网+"思维在西藏数字经济发展中的应用。

4. 实现"数字经济+"富民新业态

西藏应加快推进实体经济、科技创新、现代金融、人力资源协同发展，高效率构建西藏数字经济现代产业体系，全力实现互联网、大数据、人工智能和实体经济深度融合，坚持以人为中心，大力推进"互联网+教育""互联网+医疗""互联网+

文化"、智慧养老深化"互联网+公共服务"等，促进基本公共服务均等化，加快信息化服务普及程度，降低应用成本，全面建设农牧区互联网基础设施和发展农牧区电子商务业务，运用"互联网+"方式提升农牧业、振兴农牧区、富裕农牧民，让互联网更好造福老百姓，全面助力乡村振兴，实施"网络扶贫"行动计划和推动"产业富民"大发展。

（七）边贸物流产业的发展

边境贸易是边境地区的一种特有的贸易形式，西藏地处祖国西南边陲，要牢牢把握国家战略定位，加大边境贸易基础设施建设，把全区作为守土固边前沿，加大交通干线、口岸要镇仓储物流培育力度，大力发展边境贸易、边境加工贸易、边民互市贸易，振兴商贸业务，促进国内外市场内联外通，促进农牧民增收致富。边境贸易是一种合理的国际分工，能够使各方避免自己的比较劣势，使参与国际分工的各方充分发挥自己的比较优势，有助于将不同地区联系起来参与区域分工和提高生产效率，这使得世界上稀缺的资源得到合理配置，并形成互利共赢的最佳利益分配格局。它增加了边境地区人们的家庭收入和边境地区财政收入，拓宽了边境地区脱贫致富的道路。边境贸易的发展和繁荣极大地改变了边境地区落后的经济社会面貌，已经成为当前边境地区居民脱贫致富的重要途径，同时提高了边境地区人们的生活水平。西藏作为我国对南亚地区开放的前沿和通道，"一带一路"倡议的实施为西藏带来了空前的发展机遇和挑战，其将会进一步带动西藏边贸经济乃至整个西藏经济社会的发展。因此，我国为了更好地发展西藏边境贸易，首先要充分利用西藏有利的边贸环境优势，做大做强边境贸易市场，以边境贸易发展带动产业发展，实现人民增收。

1. 健全交通路网体系，提升西藏整体贸易水平

交通路网体系对边境贸易具有强大的支撑力，对外贸易及边境贸易离不开物流运输体系。因此，我国在西藏发展边境贸易就得首先加强物流业发展。物流业是一个是集公路、铁路、航空为一体的综合性的物流运输体系，包含多个层次的复合型服务产业。受独特的区域位置和气候环境等因素影响，西藏的物流业主要以拉萨为中心，全区整体发展水平还不够高。因此，西藏要夯实外贸的物流产业基础，加快重大物流项目建设，重视边贸物流发展进程，加强物流运输的标准化、信息化建设，大力引进与物流相关的专业型人才，使西藏物流运输网的设计更显规范性，实现与交通运输线路的良好对接。一方面，加快完善出口贸易的公路体系建设，并以此为依托，不断建设与完善各边贸口岸，使整体物流水平运行更具效率性，为推进边贸产业快速发展创造便利条件；另一方面，全方位建设和运用现代化电子商务体系，加快那曲物流园区项目建设，采用物流、信息流、商流、资金流、人才流"五流合一"的一站式供应链服务经营模式，引导物流业向低成本、流通快、保安全的方向发展。

2. 拓宽贸易范围，寻求新贸易增长点

西藏应以"一带一路"倡议为依托，大力发展边境旅游业。当前，西藏的贸易产品多集中在劳动密集型的初级产品和低技术的制造业商品，应扩大贸易领域，鼓励发展旅游观光业，利用旅游观光带动餐饮业、酒店业、娱乐业和航空服务业的发展，不断开拓贸易新范围，增大贸易新规模，使现有商贸基础不断优化升级，达到经济贸易的可持续发展。同时，结合边境地区连接国内、国外两个市场的重要区位优势，积极引导产业集聚，充分利用两个市场和现有资源，加大边境地区工业园区的建设和管理，变"通道"为"基地"；扶持园区企业建设，采取全

球供应链服务的经营模式，提供现代物流信息和电子商务服务，整顿规范园区企业经营管理秩序，形成规模经济和不断增加就业岗位，并积极探索跨境经贸合作发展模式，以适应和满足国际贸易发展的需要；推动边贸经济发展，全面促进各国间的文化交流与繁荣，使合作与发展向纵深层次发展，带动边境地区经济社会和谐发展和人民增收致富。

三、保障措施与具体落实

1. 做好思想工作，开展政策引导

西藏实施产业富民工程是贯彻"西部大开发"战略的必然要求，也是全面落实全区"十三五"规划的一项重要内容，这对进一步调整优化全区产业结构，促进农牧区经济快速发展，从根本上提升产业综合效益，加快推进产业化经营战略，增加农牧民经济收入起到巨大的推动作用。首先我们要从思想上认识到实施产业富民的必要性和重要意义，认清形势，坚定信心，增强工作的紧迫感和使命感，广泛深入实地，积极做好农牧民群众的思想发动工作，教育广大农牧民树立市场意识、竞争意识、创新意识、进取意识和风险意识，要用可持续发展的思想观念克服短期行为，要从长远、持续稳定的发展角度认识实施产业富民战略的现实性和迫切性，切实调动农牧民群众参与产业发展的积极性和主动性，为推动西藏产业富民发展夯实基础。同时，加大政策引导和资金投入力度，要制定优惠政策，加大招商引资力度，重点对高原特色畜牧产业、旅游业等产业进行扶持，通过政策吸引区内外客商发展主导产业，促进各项产业的快速发展和带动农牧民快速致富。另外，资金投入是实施产业富民发展的根本保障，西藏要以项目为支撑，最大限度给予重点产业建设资金和项目扶持资金；在投资渠道上，坚持"谁投资、谁经营，谁受益"的原则，加大国家、集体、个人投入力度，全力支持产业富民发展。

2. 统筹制订规划，科学推进

西藏要以市场为导向，科学确定有市场需求、富有前景和开发潜力的特色产业和优势产业，重点搞好产业发展规划，确定主导产品，支持优势区域经济率先发展，对产品系列、产品方向、产品档次、市场开拓进行科学规划，强化主体功能约束力，统筹区域经济均衡发展，侧重抓好以示范区为重点的项目拉动，促进藏东、藏北、藏西协调发展，增强藏中南引领带动作用，加快培育经济增长极、增长点、增长带，促进基础设施互联互通，构建核心引领、区域联动、极点支撑的区域经济发展格局。

一是发挥藏中南引领带动作用。西藏应加快发展以拉萨为中心，辐射日喀则、山南、林芝、那曲的3小时经济圈，推进藏中南在改革创新、对外开放、统筹城乡、市场培育等方面走在全区前列，推动旅游、金融、商贸、物流、绿色食（饮）品、现代农牧业等产业发展壮大，充分发挥拉萨首府城市对全区发展的辐射带动作用，打造国际旅游文化城市，做大做强拉萨，打造拉萨与山南一体化发展，实现互联互通，促进产业聚集，加快发展效率，构建藏中经济高地，使其承接"一带一路"倡议和成为全区对外开放的中心城市、全区金融商贸物流中心。山南应建设以桑珠孜区、江孜、拉孜和重点口岸为主要支撑的雅鲁藏布江中上游经济带，带动和促进藏中南清洁能源基地和农副产品重要产区发展。日喀则应强化历史文化名城建设，培育以巴宜区、米林、波密为支撑的尼洋河中下游经济带，打造面向南亚开放的前沿和重要枢纽、农副产品主产区和民族手工业基地。林芝应建设国际生态旅游区和重要的林果业、藏药业、林副产品加工基地。

二是推进藏东、藏北、藏西协同发展。西藏应加强藏东、藏北的生态环境保护力度，有序开发优势特色资源，加快藏东、藏北、藏西基础设施建设，强化地质灾害治理；培育藏东"三江"流域经济带，促进康巴特色文化与乡村旅游业融合发展，积极开发水电资源，建设"西电东送"接续基地，合理有序开发有色金属，使其对接川渝经济区；建设藏北区域物流中心，建设高原生态畜牧业基地，发展畜牧产品深加工，提高牧业现代化水平，发展羌塘草原文化生态旅游区，壮大特色旅游产业；加快藏西自然文化旅游资源的开发速度，打造神山圣湖—古格王朝遗址朝圣旅游精品线路，建设冈底斯国际旅游合作区，发展藏系绵羊、绒山羊等优势养殖业，改善普兰和札达对外开放条件。

三是大力扶持边境和高寒地区发展。西藏应加强城镇和乡村建设，改善交通、能源、水利、通信等基础设施条件，深入实施兴边富民行动，提高教育、文化、卫生、就业、社会保障等公共服务水平，切实提高边境地区、高寒地区各族群众生产生活水平；大力扶持人口较少的民族发展旅游业、边境贸易及边民互市贸易等活动，鼓励其他区域人民到边境乡村定居兴业，尊重群众意愿，鼓励转移就业，完善补助政策，稳定边境地区人口数量；加强高寒地区生态建设，完善高寒城乡供暖设施建设，有序引导高寒地区居民到条件适宜地区定居生活。

3. 强化科技支撑，发挥龙头带动作用

西藏产业发展滞后，实施产业富民时要以高新技术的组装配套为出发点和落脚点，结合当地资源基础和特色优势，每个产业要以各自的实际现状出发，组织实施技术创新和科技成果产业化发展，有计划、有目的地引进新技术、新成果，培育典型和发挥辐射带动作用；努力提高劳动者的科技文化素质，高度重视科普教育，不断增强农牧民的科技意识、自立意识和市场意识，引导农牧民学科技、闯市场、走富路；按照合理布局、相对集中、增值延伸的思路积极发展龙头企业，围绕主导产业和优势产品推进"生产—加工—服务"产业化经营，大力培育和发展以高原农畜产品加工为主的龙头企业，支持龙头企业引进开发和推广新品种、新技术，实现西藏农畜产品加工增值；增强市场竞争能力，增强市场对农户的带动力，大力培育和开拓新型市场，培育完善各乡镇农畜产品贸易市场，树立"大市场、大流通"意识，拉动西藏各地经济快速发展，引导农牧民持续增收致富。

4. 强化组织保障，建立增收机制

产业发展需要经济实体带动，为了有力推进西藏农牧区产业现代化发展，西藏各级需要以党支部为组织核心，积极发挥党组织在藏区实施的强农惠农政策中的引导和战斗堡垒作用，建立一种"乡镇企业+党支部+合作社+农户"的组织保障与管理运行模式，以"联村联户，为民富民"行动为抓手，通过"分期推动，示范推动，互联互助推动"等形式，推动西藏产业富民尽快发展起来。第一，西藏各级要充分发挥党支部动员、组织、协调的基层战斗堡垒作用，为农牧民脱贫致富奔小康创造基础和提供保障。第二，西藏应大力发展乡村集体经济和非公有制经济，全面培育乡村市场主体，鼓励乡镇中小企业快速发展，使其吸纳大量的农村剩余劳动人口，支持民众致富和实现社会的初次分配的相对公平，这是推动产业发展的内生动力。第三，西藏应建立科学有效的利益分配机制，使其能够保障贫困人口的合法权益。西藏产业发展首先要能够保障利益充分为贫困人口所分享，这是整个社会和谐发展与稳定的重要前提。西藏在产业开发过程中可以允许社会资本投资入股，应积极鼓励贫困人口通过技术、劳动力、财产等形式投资入股，从而获取相应经济收益，对社会资本设定最低分红比例。这样不但可以协调各方利益的分配，而且还可以调动社会资本的积极性，并保障西藏贫困人口拥有脱贫致富的长效机制。西藏应将产业开发与贫困人口的收益息息相关，并加速贫困人口在产业开发中实现脱贫致富的速度，这就是西藏产业富民发展的真正结果。

第九章 结论

本书以习近平新时代中国特色社会主义思想为指导,以实现乡村振兴战略为指引,结合循环理论、旅游乘数理论、比较优势理论、可持续发展理论等基本原理,分析了国内外旅游扶贫实践和西藏经济社会发展基础及贫困问题现状,提出了西藏旅游扶贫开发的实践可行性及对策。笔者对西藏产业发展现状和环境条件等进行实地调查,分析其当前产业富民存在的问题和影响因素,进一步分析西藏产业发展与富民之间的关联性、必要性与现实可行性,在立足西藏资源禀赋和产业现状基础上,明确了西藏产业富民发展的对策。

本书认为,在开展旅游扶贫开发过程中,我们必须注重政府主导与农牧民自主开发相结合,这是推动贫困人口脱贫致富的有效途径。西藏拥有丰富的旅游资源和自然禀赋条件,应当充分开发和挖掘宗教文化、历史文化、边境旅游等,形成富有地方特色的旅游产品,积聚和号召广大贫困农牧民、村组等进行旅游扶贫开发,不断形成联动效应,共同推进西藏生态环境、经济和社会和谐发展。另外,西藏的产业富民工程应根据各地区自身条件优势,在坚持政府主导、市场引导、社会参与的前提下,以产业集中化、规模化、效益化发展为基本准则,分层次、分地区、分行业明确职责任务,积极引导广大贫困群众参与、实施差异化和特色化发展战略，在产业布局、政策制定、项目安排和人力资源开发等方面以贫困地区、贫困乡村、贫困群众为主，带动全民增收和实现富民效应，并形成区域经济联合发展竞争力与脱贫致富攻坚力。

本书认为旅游扶贫首先应当因地制宜、科学规划、合理开发、持续跟进，是一项长效系统工程，需要"观念扶贫"与"授人与鱼"和"授人与渔"同时并进。旅游扶贫就是对西藏贫困人口进行物质和精神的"双扶贫"，能够从贫困根源上解决贫困问题。另外，旅游扶贫是一种绿色扶贫，立足西藏特色资源优势，变旅游资源为经济优势。这是一种"输血型"扶贫向"造血型"扶贫转化的过程，符合西藏区域经济定位和绿色发展目标。同时，西藏产业富民发展要走生态化建设的路子，要把加快产业发展同高效利用资源、有效保护生态环境等有机地结合起来，全面推广生态经济发展模式，实现西藏经济、社会、环境、资源的和谐与可持续发展。

本书的创新点为：第一，旅游扶贫开发在传统财政"救济式"扶贫基础上进行了深化和提升，体现了扶贫的"扶真贫"和"真扶贫"目标，本书为西藏扶贫工作提供了新思路、新方法，有助于解决以往扶贫实践中存在一些不足问题；第二，旅游扶贫是一个不断反馈和开放运行的动态系统，开发主体由政府、贫困人口、旅游资源管理者及相关企业和其他社会公众构成，是一项"爱心扶贫"工程，本书建议不断健全和规范管理体制，建立科学的利益分配机制，使旅游扶贫开发与区域经济发展"共赢"；第三，根据西藏区域环境基础和资源禀赋条件，本书注重分析产业结构对地区经济发展的影响，积极探讨产业富民的长效机制，使其立足资源优势，增强竞争优势，这对于推进民族地区经济社会发展和打赢脱贫攻坚战具有积极作用。

参考文献

[1] 康晓光. 中国贫困与反贫困理论 [M]. 南宁：广西人民出版社，1995.

[2] 白玛朗. 西藏农村发展报告 2012 [M]. 拉萨：西藏藏文古籍出版社，2013.

[3] 王兆峰. 民族地区旅游扶贫研究 [M]. 北京：中国社会科学出版社，2011.

[4] 陈仲常，龚锐. 不同地区低保标准比较的参照基准研究 [J]. 市场与人口分析，2005（11）.

[5] 周伟. 西藏山南农牧区贫困的根源及脱贫出路 [J]. 农业经济问题，2005（8）.

[6] 陈华平. 参与式扶贫与政府角色转换 [J]. 赣南师范学院学报，2006（1）.

[7] 任凯. 基于人力资源视角的西藏反贫困研究 [J]. 西藏民族学院学报，2007（9）.

[8] 周海儒，张忠孝，王有宁. 青藏地区旅游资源整体开发探讨 [J]. 青海师范大学学报（自然科学版），2008（4）.

[9] 王有宁，刘峰贵，赵丽艳，等. 青藏地区区域旅游联动开发研究 [J]. 桂林旅游高等专科学校学报，2008（2）.

[10] 韩国民，高颖. 西部地区参与式扶贫与农民专业合作

社发展的互动研究［J］.农村经济，2009（10）.

［11］刘鑫.参与式：试验区开发扶贫的成功探索［J］.乌蒙论坛，2009（6）.

［12］廖杨.民族地区贫困村寨参与式发展的人类学考察：以广西龙胜龙脊壮寨旅游开发中社区参与为个案［J］.广西民族研究，2010（1）.

［13］杨东萱.论反贫困视角下少数民族贫困人口的自立与受援［J］.昆明学院学报，2010（4）.

［14］吴柏安.消费结构与经济增长相互影响机制研究［J］.湖南商学院学报，2010（8）.

［15］吴瑾，张红伟.消费结构与经济增长相互影响机制研究［J］.现代经济探讨，2010（10）.

［16］韦芳.民族地区移民扶贫存在的问题及原因［J］.安顺学院学报，2010（6）.

［17］艾琳，卢欣石.草原生态旅游非物质文化遗产资源的保护性开发研究［J］.干旱区资源与环境，2010（1）.

［18］孙丽坤.西藏地区生态旅游开发与可持续发展战略［J］.特区经济，2010（4）.

［19］杨红卫.论西藏农牧区的扶贫开发与可持续发展［J］.西藏大学学报（社会科学版），2011（9）.

［20］张亮晶，杨瑚.肃南县贫困地区赋权参与式反贫困研究［J］.商业时代，2011（2）.

［21］蓝红星.新时期西藏扶贫开发的探索［J］.安徽农业科学，2011（9）.

［22］毛阳海.基于包容性增长理念下的西藏农牧区扶贫开发探析［J］.西藏大学学报（社会科学版），2011（10）.

［23］魏小文，朱新林.环境资源视角下西藏农牧民反贫困研究［J］.技术经济与管理研究，2012（2）.

［24］罗华. 西藏生态旅游发展模式与战略研究［J］. 西藏大学学报（社会科学版），2012（3）.

［25］焦甸. 恩格尔系数与贫富［J］. 四川统一战线,2012(12).

［26］毛杰，李超，居占杰. 经济增长、收入不平等和政府干预减贫的空间效应与门槛特征［J］. 农业技术经济，2013（10）.

［27］黄菊英，王然. 西藏日喀则地区县域贫困成因及对策研究［J］. 科技广场，2013（2）.

［28］王艳，韩广富. 当代中国牧区扶贫开发存在的问题及对策［J］. 东北师大学报（哲学社会科学版），2014（5）.

［29］么菲菲. 生态环境约束下的西藏农牧民反贫困长效机制探究［J］. 时代金融，2015（1）.

［30］沈宏益. 西藏农牧民持续增收的财政政策研究［M］. 北京：中国社会科学出版社，2013.

［31］范建荣. 富民政策与农村发展［J］. 市场经济研究，1999（4）：36-37.

［32］吴先满. 当前江苏富民的难点及对策［J］. 南京社会科学，2003（5）：39-41.

［33］陈海涛. 关于富民政策与新农村建设相适应的建议［J］. 今日中国论坛，2007（6）：15.

［34］毛箬. 中国式富民政策的路径选择［J］. 财会观察，2008（4）：6-8.

［35］许涛. 强国梦实现后的富民政策：从我国有效需求不足谈起［J］. 生产力研究，2009（3）：37-38.

［36］盖志毅，杨慧兰. 富民与强区并重战略的理性思考［J］. 实践，2010（9）：35-36.

［37］孙杰，陈晨. 在加快转变经济发展方式中努力实现富民强区［J］. 实践，2011（2）：11-12.

［38］周善乔. 提振内需重在富民［J］. 理论与改革，2011

（3）：83-86.

［39］党敏恺.内蒙古富民成效分析推进策略研究［J］.前沿，2012（3）：99-102.

［40］欧阳煌.居民收入与国民经济协调增长的国际经验及我国现状［J］.经济研究参考，2012（4）：24-54.

［41］贺明，董晶.略论中国古代国民经济发展目标：富国富民思想［J］.中小企业管理与科技，2013（2）：61-62.

［42］西藏统计局.2017年西藏自治区国民经济和社会发展统计公报［EB/OL］.（2018-12-20）［2020-12-30］.http://www.xzsnw.com/xw/xzxw/138847.html.